JN023221

はじめて♡担当者になったら読む本

## 実効！ 転ばぬ先の BCP 策定

コンサルタントが**よく受ける相談内容**をまとめました

城西コンサルタントグループ［監修］

神谷俊彦［編著］　渡辺 裕・上田裕樹・滝沢 悟［著］

# はじめに

　BCPとは事業継続計画（BCP＝Business Continuity Plan）をさしています。企業の緊急事態発生時にもすみやかに事業を継続できる備えを明文化したものです。日本では昔から地震や台風に見舞われて多くの被害を経験していますのでこのような考え方にはなじみもあり理解も深いのです。しかも東日本大震災という未曽有の体験もしています。BCPに対する関心は高いこともあり意識が低い人はいません。BCP関連の本はコンスタントに売れています。

　ところが現実をみてみると戦略的・全社的に計画を作成して対応している企業は多くありません。従来のガイド本は自然災害対策を念頭においたものですし、政府や自治体も多くの情報を提供しているとはいえ自然災害中心です。しかし近年はサプライチェーンの確保が注目されていますし、自然災害だけでなく大事故や企業内不祥事などもBCPの概念で捉えられるようになってきました。その意味からもそもそもBCPというのは他人事ではないわけで、人に言われるまでもなく企業としては備えておかなければならないものです。政府の調査によると自社の対応に満足している企業は20％以下と報告されています。自社の内容を胸を張って説明してくれる企業は半数以下ということです。本書では以上のような実態をもとにしてBCPについて基礎から応用まで現実的な解説をして実効あるBCP作りに寄与したいとの思いで執筆しています。

　本書が、1人でも多くの人にBCP策定のヒントになったとすれば、筆者としては望外の喜びです。よろしくお願い申し上げます。

筆者一同

## 本書の読み方

　本書の読み方をご紹介します。本書をお手にとられた方は少なくとも
BCP という名前は聞いたことがあり、これを機会に詳しく知りたいという
方が殆どだと思います。そこで **BCP の企業内の位置付けからはじまり BCP
維持管理の方法まで体系的に理解できるように章立てを構成**しました。

　従来の書籍などにはあまりみられなかった点として、**BCP は被害をうけ
たビジネスが速やかに回復できなければ意味がない**という立場に立っていま
す。したがって「被害」として企業の不祥事のような点も含め「リスク自体
を広く捉えた点」と「新人経営者や実務担当者が力強い経営基盤構築ができ
るよう手助けする」という観点で記述されているのが特徴です。

　〔各章の概要と流れ〕

| Chapter 1 | BCP とは何か？ | BCP の意味を根本から考える |
|---|---|---|
| Chapter 2 | BCP の戦略的構築方法 | BCP を効率的に作成するポイント |
| Chapter 3 | BCP 策定のポイント | 戦略に基づく具体的な作成方法 |
| Chapter 4 | BCP の維持管理方法 | BCP を維持発展させるプロセス解説 |
| Chapter 5 | BCP のための基礎知識 | BCP の歴史と自治体の取組み |
| Chapter 6 | 自然災害への備え | BCP 取組みの基本、自然災害対策 |
| Chapter 7 | 企業と危機管理 | 企業のリスク管理と BCP の関係性 |
| Chapter 8 | 業種別にみる BCP | 事例にみられる業種の特徴・注意点 |

　Chapter1 は企業における BCP の位置付けを単なる防災マニュアルにと
どまらず経営基盤強化につながる点として説明しています。この部分がしっ
かりと理解していないと何のために BCP を整備しないといけないのかぼや
けてしまい実効が薄くなってしまいます。強調している点は**いざというとき
に全従業員一致してことに当たれる経営基盤を作ろう**ということです。
BCP の議論を進めていくことと企業発展の基礎を築くことの方向性が全く

一致しています。その意義を全社体制の中に浸透できれば、Chapter2以降の具体的な説明がよりスムーズに理解していただけるでしょう。

　Chapter2は戦略レベルの理解を意図しています。経営全体像から見る方向性を重視しており、BCPの意味を経営計画全体の関係から紐といています。経営計画は企業を成長に導くためのガイドブックです。BCPも戦略思考が含まれていなければなりません。企業人の多くが戦略と施策がつながらないと行動を起こせません。本書を活用してもらうため、戦略から解説し業務のスムーズな遂行に役立てていただくことを意図しています。

　Chapter3計画の策定方法、Chapter4の維持管理は、Chapter2とは違い戦術的レベルの解説です。**この部分こそがBCP策定の中心業務**です。全ての日常業務の基本はここから始まります。ここで考えたいのは**「従業員との意識共有」**です。結局事業継続というのは動くべき人の目的意識が共有できていればマニュアル化していなくても自律的に行動できます。意識共有をもとにした現実レベルの正しい行動を促すための施策を解説しています。

　Chapter5は公的機関などの動きをまとめています。政府と各自治体は強くBCP策定をバックアップしています。公的支援の魅力は豊富な情報源です。特に補助金や税制優遇など資金的なサポートは企業にとってはありがたい施策です。書籍という媒体の制限上具体的なアイデアを無制限に掲載するのは無理ですが、コンサルタントへの依頼や問い合わせの多いのもこの部分ですので情報を効率的に獲得できることを意識して記述しました。

　Chapter6、7、8はBCPのための基礎的情報をカテゴリー別に記述しています。これからBCP策定に取り掛かる方が理解をしておきたい部分です。また他業種の事例を知っておくことで自社の施策に厚みが出てきます。

　このようにして本書は基礎知識⇒作り方⇒維持管理まで網羅して正解を作ることができる具体的な解決策を示しています。

# Contents

はじめに

⚫ 本書の読み方

Chapter **1** BCP とは何か

① BCP の意味 ………………………………………………… 2
② BCP はなぜ重要か？ ……………………………………… 4
③ 企業の BCP 現状 …………………………………………… 6
④ BCP を取り巻く環境 ……………………………………… 8
⑤ 企業における立案課題と解決策 ………………………… 10
⑥ BCP を正しく作る方法 …………………………………… 12
⑦ BCP と自然災害 …………………………………………… 14
⑧ BCP とサプライチェーン問題 ………………………… 16
⑨ 危機管理プログラムとは ………………………………… 18

Chapter **2** BCP の戦略的構築方法

① 経営戦略の一環としての BCP・BCM の重要性 ……… 22
② BCP・BCM は企業の成長と連動が必要 ……………… 24
③ 原因事象アプローチと結果事象アプローチ ………… 26
④ 事業継続の２つの戦略とオールリスク BCP ………… 28
⑤ 事業継続戦略としての検討すべき観点 ……………… 30

Chapter **3** BCP 策定のポイント

① 計画の作り方 ……………………………………………… 34
② テンプレート・ガイドライン ………………………… 36
③ 計画立案チームの結成 ………………………………… 38
④ 作成プロセス ……………………………………………… 40
⑤ 目標を明確にしよう ……………………………………… 42
⑥ 優先順位を立てよう ……………………………………… 44
⑦ リスクを洗い出そう ……………………………………… 46
⑧ 対策を作成しよう ………………………………………… 48

⑨ 内容を絞ろう　………………………………　50

⑩ 作成してみよう　………………………………　52

⑪ 計画を活かそう　………………………………　54

## Chapter 4　BCP の維持管理方法

① BCP の維持管理の重要性　…………………………　58

② 事業継続マネジメント（BCM）の取組み　…………………　60

③ BCM 運用体制の構築　………………………………　62

④ BCP 訓練・演習体系の構築　…………………………　64

⑤ BCP 訓練・演習を実施する　…………………………　66

⑥ BCP の実効性を上げるためのポイント
　〜飾り物でない BCP、そして BCM へ　…………………　68

## Chapter 5　BCP のための基礎知識

① これまでの BCP の変遷と現状　……………………　72

② 災害時の安全配慮義務　………………………………　74

③ 中小企業強靱化法とは　………………………………　76

④ 事業継続力強化計画・認定制度　……………………　78

⑤ BCP 策定に役立つ Web サイト　……………………　80

⑥ 政府の BCP 関連ガイドライン　……………………　82

⑦ BCP に係る条例、自治体の取組み　…………………　84

⑧ BCP 策定のための専門家派遣制度　…………………　86

⑨ BCP と ISO（国際規格）　……………………………　88

⑩ 災害時の労務管理　……………………………………　90

## Chapter 6　自然災害への備え

### part 1　自然災害への対応と BCP 自然災害

① 国内における自然災害の脅威　………………………　94

② 災害対策本部　…………………………………………　96

③ 備蓄の考え方　…………………………………………　98

④ 地震対策　………………………………………………　100

⑤ 水害対策　………………………………………………　102

| ⑥ 台風、竜巻対策 | …………………………… | 104 |

⑦ 雪氷対策 ……………………………………… 106

⑧ 津波・噴火対策 ……………………………… 108

## part 2　自然災害の二次災害

① 重要な二次災害対策とは …………………… 110

② 安全確認 ……………………………………… 112

③ 輸送路・通勤ルート ………………………… 114

④ 水と食料品 …………………………………… 116

⑤ 停電対策 ……………………………………… 118

⑥ 情報通信網 …………………………………… 120

⑦ キャッシュ確保 ……………………………… 122

# Chapter 7　企業と危機管理

## part 1　企業のリスク対策

① BCP と企業リスク …………………………… 126

② カントリーリスク（戦争、政変、海外サプライチェーン） ……… 128

③ 情報セキュリティリスク …………………… 130

④ レピュテーションリスク（悪評、風評、批判） …………… 132

⑤ リーガルリスク（法務・コンプライアンス） …………… 134

⑥ 環境関連リスク ……………………………… 136

⑦ 安全衛生管理 ………………………………… 138

## part 2　リスク管理の基礎

① リスクマネジメントとは何か ……………… 140

② リスクマネジメントの進め方 ……………… 142

③ リスクアセスメントの勧め ………………… 144

④ リスク管理の 4 つの解決策 ………………… 146

⑤ リスク管理の事例 BIA ……………………… 148

## part 3　危機管理プログラムの基礎

① 危機管理プログラムの位置付け …………… 150

② 危機管理プログラムと組織づくり ………… 152

③ プログラム作成のポイント ………………… 154

④ 危機管理と教育研修 ……………………………………………… 156

# Chapter 8 業種別にみる BCP

● 業種別の読み方 …………………………………………… 160
① 製造業 ……………………………………………………… 161
② 建設業 ……………………………………………………… 164
③ 商社 ………………………………………………………… 166
④ コンビニエンスストア …………………………………… 168
⑤ 商店街 ……………………………………………………… 170
⑥ 商業施設（総合スーパー、デパート、モール等） ……… 172
⑦ 電気・ガス ………………………………………………… 174
⑧ 情報通信 …………………………………………………… 176
⑨ 運輸業　鉄道・バス ……………………………………… 178
⑩ 運輸業　トラック業界 …………………………………… 180
⑪ 医療機関 …………………………………………………… 182
⑫ 介護施設 …………………………………………………… 184
⑬ 教育機関 …………………………………………………… 186
⑭ 官公庁 ……………………………………………………… 188
⑮ 廃棄物処理業 ……………………………………………… 190

Chapter **1**

# BCP とは何か

# 1 BCP の意味

　事業継続計画（BCP＝Business Continuity Plan）は、企業が緊急事態（自然災害、新型コロナウイルス感染、事故、不祥事、犯罪、テロなど様々なケースを想定する）に遭遇した場合において、**中核となる事業の継続あるいは早期復旧を可能とする**ために、あらかじめ作成しておく計画をさします。

　日本企業は多くの自然災害に対応する必要があったので、概念自体は古くからありますが、決して整備されてきたとは言えませんでした。しかし、2011 年の東日本大震災を契機として政府の強力な後押しもあり急速に浸透してきました。東京オリンピックが決まってからは開催期間に国内で緊急事態が発生したら大混乱も覚悟しなければならないため、政府や東京都は企業に BCP 策定を強く呼び掛けてきました。もともと日本人にはなじみのある考え方であったことに加え、このような努力もあり今では殆どの方が「言葉の意味」は理解しているはずです。しかし多くの企業で現実的な整備ができているわけではありません。**「BCP 策定企業の 80 ％以上が自社の BCP（事業継続計画）に満足しない！」**という事実があります。「それはなぜか？」を考える必要があります。特に BCP 担当者は業務を進めようとすると大きな壁がいくつも立ちはだかり、ゴールの遠さに呆然としてしまいます。本書はそれを防ぐため重要な部分・必要な部分をわかりやすく明示し、企業にとっての備えを早く正確に構築するお手伝いをします。

　BCP は通常 3 つの部分で構成します。一見当たり前ですが基本の部分としてまずは押さえたい部分です。

> 1. 企業内に緊急事態に備えるための組織やルールを作る。
> 2. 緊急事態が発生した時の組織や行動基準を明確にする。
> 3. 1 と 2 に対応した準備事項と一時的な対処策を具体的に記述する。

計画作成する目的が緊急事態発生時、「顧客に対し責任をはたす」あるいは「社会的責任を全うする」ことですから、いかに早く（速く）行動するかが鍵になります。緊急事態発生というのは**企業のビジネスモデルを推進するエンジンがいったん止まってしまう**わけです。そのため、いかに早くエンジンを再開させるのかが重要です。多くの指南書では人道的観点から「情報収集して事態を早期に把握し人命の救助を優先すること」を中心に据えています。人命最優先は当然のこととしても、事業をたちあげる備えをしなければならない点が難しい課題です。本書はそのような困難な状況における課題を明確にして効果的な BCP 策定に寄与したいと考えています。

---

### 事業継続計画（BCP）＝ Business Continuity Plan

企業が緊急事態に遭遇した場合において、

① 事業資産の損害を最小限にとどめつつ、

② 中核となる事業の継続あるいは早期復旧を可能とするために、

③ 平常時に行うべき活動や緊急時における方法、手段などを取り決めておく計画のこと。

　緊急事態で的確に判断し行動するためには、緊急時に行うべき行動や、緊急時に備えて平常時に行うべき行動をあらかじめ整理し取り決めておく「事業継続計画（BCP）」の策定・運用が有効です。

---

〔企業が備えておくべき緊急事態とは〕

| | |
|---|---|
| 自然災害 | 地震、台風、津波、竜巻、地盤沈下など |
| 大事故・大事件 | 火災・爆発、感染症対策、サプライチェーン断絶など |
| 犯罪テロ・国際問題 | テロ攻撃、政治的リスク、サイバー攻撃、暴動など |
| 企業経営関連 | 不祥事、社内犯罪、内部統制問題、訴訟など |

# 2 BCP はなぜ重要か？

　読者の皆様にはいまさらと思われるかもしれませんが、BCP のもつ重要性から改めて考えておく必要があります。それは過去の事例をみてわかります。というのは**企業に不測の事態が起こった時に「スムーズに対応できていない事例」が頻発**しているからです。

　たとえば日本は台風や地震が毎年のように繰り返して発生しているにもかかわらず発生するたびに**壊滅的な被害をうけた事例がニュース**になります。新聞や雑誌を読んで思い当たるケースがあるはずです。この時にニュースになる企業は BCP が作成されていなかったわけではありません。作成過程で何かが抜けていたからそうなったのです。何が抜けていたかは本書のメインテーマですからしっかりと解説していきますが、本書で強調したい点は**「BCP が不十分であったために企業そのものがなくなるという事実が発生している」**という点です。**BCP をしっかり作るということは企業存続がかかっている課題**ということです。

　あらためてここで**BCP が重要である4つの観点**を示します。

---

① 事業とはいかなる事態が起ころうとも続けなくてはならない。BCP を作り事業継続することは顧客や関係会社との約束である。

② ステークホルダーは企業の持続性を期待している。社会に存在する以上は効果的な BCP を関係者に示さなければならない。

③ 顧客からの信頼獲得は自社の売上に直結している。顧客も自社を守らねばならないため BCP を持たない企業には発注できない

④ 従業員に安心して働いてもらわなければならない。当たり前の備えができている会社で働きたいのは基本的欲求である。

---

緊急事態は突然発生します。有効な手を打てなければ、大企業であろうと中小企業であろうと廃業に追い込まれたり、事業を縮小し従業員を解雇せざるを得ない事態になります。少なくとも先の4つの観点に対応するBCPでないと有効とは言えません。達成するにはどうすればいいかを考えるしかありません。**その観点で本書を執筆しました。**

　BCPの多くの指南書には「BCPを周到に準備した企業は、顧客の信用を維持し、市場関係者から高い評価を受けることとなり、株主にとって企業価値の維持・向上につながる」とあります。その一方で「誰も読まないような計画を作るのは無意味だ」と書いてあります。

　一見両方とも正しい意見に見えますが、筆者は矛盾しているように感じています。いざというときに役立つ書類であれば膨大な資料になるのは当然です。会社を1つ作るくらいの内容や毎年見直しが必要です。冒頭の従業員が自社のBCPに満足していない理由の1つはこの矛盾が解決できていない点にあります。はたして両者を満たすような解があるのか？という問題を解決しなければなりません。BCP策定の最初に、BCPは相矛盾する要求・非現実的な要求を解決するものであることを認識する必要があります。

　企業が致命傷を負わないようになるためにはそれを両立させることです。そしてBCPがよくできているかどうかを一番正確に評価できるのは従業員です。いざというときに動いてもらう立場にある人が納得していない計画は役に立たないでしょう。

　本項で伝えたいのは、矛盾を抱えたまま中途半端な計画を作ることに終わらず、従業員との議論の場を増やして根気よく企業価値向上につながる計画を追求しなければならないという点です。

# 3 企業の BCP 現状

　日本での BCP 策定の現状をみる詳しい報告はあまり存在しないのですが、内閣府の調査によると、大企業で BCP を策定している割合は約 70 ％、策定中の企業を含むと 85 ％程度。中堅企業で BCP を策定している割合は約 40 ％、策定中を含めて 50 ％程度のようです。自治体を見てみるとさすがに都道府県レベルでは 100 ％、市町村で BCP を 80 ％以上ということで政府は BCP 未策定の市町村に対して早期策定を求める通知を出しています。ただ筆者の実感としては策定済の割合はもう少し高いと思います。

　中小企業向けに政府が BCP を推奨しており、事業継続力強化計画認定制度（本書でも別途説明）を作り上げ、認定取得企業を公表しています。補助金獲得の加点措置にもなっていることもあるせいか、非常に多くの企業が名前をつらねています。BCP に対して企業の関心の高さを示すバロメーターと言えます。ただその内容をみてみると公表されている企業数は日本における全企業の 1 ％程度です。それらの企業でもホームページで自社の BCP の内容を公開している企業はほぼないという状態です。

　大企業や自治体においてさえ BCP を持っていますというレベルの記述しかないところが圧倒的に多いのが現実です。さらにみてみますと BCP といっても自然災害と新型コロナウイルス感染症対策がせいぜいのところで、それ以上の内容に触れられていません。❶でも述べていますが、日本企業の関心は今でも自然災害（特に台風と地震）対策が中心です。

　事業継続に備えていない企業ばかりをクローズアップしても何も解決しません。できている企業を参考にして自社の計画を作るべきです。たとえば「トヨタ自動車」のような日本を代表する企業には BCP に対する具体的な取組み内容が示されています。そのような企業が開示している内容は以下などが数ページにわたり記されています。

- ・ 事業継続力強化の目標

自社の事業活動の概要、事業継続力強化に取り組む目的（なぜ、誰のために……）、事業活動に影響を与える自然災害等の想定、自然災害等の発生が事業活動に与える影響（人物、建物・設備、資金繰り、情報、その他）

- ・ 事業継続力強化の内容

自然災害等が発生した場合における対応手順、事業継続力強化に資する対策及び取組み、事業継続力強化設備等の種類、事業継続力強化の実施に協力する者の名称及び住所ならびにその代表者の氏名ならびにその協力の内容、平時の推進体制の整備、訓練及び教育の実施その他の事業継続力強化の実効性を確保するための取組み、このほか、「実施時期」や「事業継続力強化を実施するために必要な資金の額及びその調達方法」

上記の内容が本書で伝えたいことの全てといえます。

もし「BCP 策定のために何から始めますか？」という問いがあれば、本書の回答は **「平常時の組織（BCP 推進体制）を作りなさい」** になります。どんな小さい会社であってもまず組織を作って、組織でやるべき目標をつくり社長に承認をとることがスタートになります。これを毎年継続していればBCP はどんどん完成形に近づきます。

現実問題として世界で大きな災害や事件が起こっても、「トヨタ自動車」や「Amazon」が致命的なダメージを受けたというニュースを聞いたことがないと思います。これは組織があり戦略的に手段を講じてきた結果であり一朝一夕にこうなったわけではありません。**予算も組織も担当者もなく計画もたてず企業を守ろうというのは無理です。**

# ④ BCP を取り巻く環境

　BCP を取り巻く環境を俯瞰してみます。BCP の必要性を感じる場面は年々増えています。思えば東日本大震災から 10 年以上たっている現在をみても、自然災害だけでも地震と津波だけでなく大雨やそれに伴う洪水・土砂崩れ、噴火に竜巻などが大きな被害をもたらしています。さらに言えば、新型コロナウイルス感染症の感染、戦争の勃発、日本海に飛来するミサイルなど企業で備えなければならないリスクはここ 10 年間もこれだけ発生しています。ここまできても危機意識がなく計画作成する必要性を感じていない企業があるのも不思議な気さえするくらいです。

　政府や東京都は上記のような事実もあり東京オリンピック対策として制度や支援を充実させてきました。もしもオリンピック開催期間中に東京に災害が起こり中小企業の機能が麻痺したらどんな惨事になるか考えるだけでも恐ろしい話です。政府がお金を出してでも企業に BCP を備えてもらおうとするのは日本経済全体を考えているのです。しかし本来 BCP というのは「**他人に強制されるものではなく、自社の存続をかけて備えるべきもの**」なのです。自社の備えができていないのは明らかに経営者の問題です。

> BCP は他人に言われたから作るというものではない
> 自社の存続をかけて備えるべきもの

　日本全体ここ 10 年の意識の高まりは大きく変化しており、政府や自治体が様々な支援策を次々と講じている、装備面やソフトウエア面で画期的な商品が開発されているなど、制度的、設備的な充実度合いは目覚ましく進展しています。

しかし「自社に BCP はあるがその内容には満足していない」という企業が圧倒的に多いという現実があります。必要性は感じているが実効性のある計画が作れていないと感じる企業が大半です。全国的には BCP に対するハード面・ソフト面の整備環境は進んでいるのですが、自社の備えには落とし込めていないのが現実ということです。周りには企業に有益な情報がいっぱいあるのに自社のものになっていないのです。政府などの調査によれば中小企業にはお金もないし人材もいないので進まないのであるという論調もあるようです。政府や自治体の支援不足と主張するメディアもありました。

　しかし危機的状況に備えていないのは他人の問題ではなく自社の問題と考えなければなりません。土砂災害が起こった地域で罹災した企業にとってみれば、政府・自治体に損害賠償や補償を取り付けたとしてもすでに取り返しがつかない問題は多々あるはずです。本書の立場は自社にリスクがあるのに行動できない理由を明確にして企業が前進できるような施策を提案したいのです。本書を通して具体的な課題と対応策を説明します。

　日本人の危機意識に対する川柳に**「雷は落ちて初めて様がつき」**というものがありますが、危機管理はどうしても後回しになってしまいます。自分の身に起こってみないとなかなか行動には表れないものです。

　そして中小企業は業界不況や地域の危険など日本経済全体というよりも自社の周辺におけるミクロ的なリスクに備えなければなりません。それに対して政府や地方自治体などは、ガイドラインや補助金をだすなど多くの啓もう活動を行っています。それにもかかわらず多くの企業において危機が身近とは思えず現実的な対応ができておらず、目先に追われ環境の変化にも無関心となります。費用対効果が見えない、あるいはその逆として BCP の完全性を求めるあまりかえって動けない、などの課題を解決しなければなりません。**BCP 構築のキーワードはそのための「再設計」です。**

# ⑤ 企業における立案課題と解決策

　事業継続力を保持するためには、「組織・ヒト・モノ・カネ・情報」という経営資源が備わっていなければなりません。BCP 構築の重要課題の大半は経営資源にまつわるものです。一般的に言っても企業課題というのは自社の経営資源で解決しなければなりません。BCP も同じです。BCP を有効なものにできていない企業の大半が経営資源の構築に課題があるということです。BCP 担当者の責務は常に「ヒト・モノ・カネ」にあります。

　BCP を作るためには**組織を持たなければならない**というのは先の項でも書きました。しかし多くの企業では組織まではなくても担当者は存在します。組織力というのは専門組織を作って推進することや専門外注に委託するということではありません。**企業内に BCP を推進するエンジンを作る**ということです。エンジンをもちそれをコントロールするリーダーシップと実際に動いていくタイヤがついていれば企業は目標に向かって走り出します。それが組織と人の関係です。経営トップとつながっている役員や部長・その部下を担当と決め、年間スケジュールを立てて行動していればいいわけです。担当部署と経営のリンクが強固なほどゴールにたどり着く時間が早いということです。

　「モノとカネ」というのは装備にかかわる話です。すなわちハード面の充実です。組織や計画を作ると次にハード面の充実を図らなければなりません。結局担当者が頭を悩ますのが予算不足です。やらなくてはいけないことばかりがでてくるのですが、予算に限りがあるのはどの企業でも同じです。しかもリスク管理は収益事業ではないので予算が付きにくい宿命を持っています。優先順位を合理的に選定していくとともに、少ない予算を積み重ねて数年がかりで完成させていく計画性が大事なポイントです。担当者は多くの抵抗勢力（時には経営層も）と戦わなければならないのです。多くの企業が自社の

体制に満足しない根本的な構造がここに集約されています。

「情報力」はソフトウエア面での充実にかかわる問題です。ソフト面では大きくいって2つの問題があります。1つは自社内の知見の集約ともう1つは社外との連携です。BCPは企業を1つ作るくらいのノウハウが必要ということを前項に書きましたが、それは担当者だけでは完成できないということです。全社員の知恵を集約する必要があるということです。知の集約ということで「情報システム構築」の役割は大きいです。またいざというときに自社内だけではできないことも多々ありますから社外連携の観点は必須です。「どこまでが社内でどこから社外に依存していく」のか明確な線引きはしにくい仕事ですし、社外に協力依頼するにしても交渉力など高度な能力を要求されます。ソフト面の対応は複雑に絡まった糸（しがらみ）を丁寧にほぐしていく根気のいる世界でもあります。


最後のポイントはお金の話です。いざというときに必要なのはお金です。緊急事態が発生すると何をするにしてもお金がかかります。したがってすぐに使えるお金を準備しておかなければなりません。全てがお金で解決できるとはいいませんが、アルバイトを集めるにしても、物資を購入するにしても、協力会社にお願いするにしてもキャッシュが必要です。かねてから備えておかないとどうにもならない問題です。

BCPの課題というのはこのように大枠を整理しただけで理解できるように、一朝一夕には構築できないシステム作りが課題です。小さく始めないといけないというのは、確かに現実的な進め方かもしれません。しかし到達するべきゴールを考えると、組織的かつ計画的に進めなければならないのは明らかです。社長の強力なリーダーシップのもとに進めていかなければならないのです。

# 6 BCP を正しく作る方法

　Chapter2 以降で詳解する BCP 作成のポイントやノウハウの前提として「その企業にとっての正しい BCP とは何か？」という命題を片付けておかなければなりません。多くの指南本では個別企業の事情に合わせて身の丈にふさわしいものを作成することを推奨しています。その点はもちろん大事な視点ですがそれだけでは具体的なガイドになりません。

　**「正しい BCP とは事業が継続できるものでなければならない」**というゴールをクリアできなければなりません。しかしクリアしようとするとどんなリスクにも対応するものでなければならないし、完璧な計画を作ることができたとしても、いざというときに使えないリスクが増すという矛盾を抱えます。そこで BCP 策定のゴールに「完全性」を求めず、現実的なゴールを社員で共有化することを目指すのです。「社員が納得」できるゴールです。

　では納得のためには「何をするべきか」ということです。❺で記した課題と解決方法を全社員で論じていけば多くの共通合意が生まれてきます。共通合意を明文化していけば理想に近づくでしょうが、現実的には全て文字にするには様々な困難がおこります。だからこそ BCP に限界を感じる人がでてきます。どんな仕事でも文字では表現できない点が多々でてくるのは起こりえるわけです。それを企業がどう解決しているかというと「暗黙知」としていいかえられています。「暗黙知」というのは「経験知」とも表現されます。世の中には「暗黙知」と「形式知」があり、野中郁次郎先生の有名な経営理論「SECI（セキ）モデル」というフレームワークにあてはめて組織に根付かせる手法がとられています。

　「SECI モデル」について、ここでは詳しく説明はしませんが事例を示します。たとえば「非常電源を操作する」という項目がマニュアルには必要とすると、おそらく誰でも操作できるマニュアル作成を考えます。しかし BCPのためには正確で詳細なマニュアルを用意するよりも「どこの誰それに連絡

せよ」とか「○○社に電話しろ」などと書いてある方がよほど実用的です。いちいちマニュアルを探さなくてもどんな社員でも行動できる方法を決めておくことが効果的です。このような了解事項をたくさんもっていることがいざというときに力を発揮する現実的解決方法です。

　要約すると「企業内に通じる共通言語を多く作っておけば「形式化」という膨大な作業を少なくできる」ということです。本章の冒頭でも多くの企業が自社の BCP に満足していない傾向がでているのは、「形式美」にとらわれていて実用性がないと感じている部分も大きいと思います。「暗黙知」を大前提に添えておくことで多くの労力が無駄にならない可能性は高いはずです。筆者たちコンサルタントはこのような点を企業風土づくりとして経営計画に組み込むようにしています。**BCP 策定方法として世の中にあるマニュアルをよく吟味して「形式美」を効率的に取り入れながら、「企業風土」として根付かせていくプロセスを醸成する流れをベースにします。**

　本書でいいたいことは「形式知（形式美）」にこだわらないということです。策定プロセスにおいて「SECI モデル」を過度に気にする必要はありませんが、実用的なものにするには従業員の経験値を上げて暗黙知に変える努力が有効です。

　繰り返しますが、BCP の正しい作り方は、それを確立するプロセスから始まっているということです。なぜなら皆で一緒に作る行為において暗黙知が増えているからです。「方針を立てる」、「完成を目指す」、「行動目標を決める」という行為でもう BCP は実現し始めています。その過程で経営計画をテキストとした集合教育など立案するのも効果的です。BCP は常に経営計画と寄り添うように策定するのがいいと考えます。

# 7 BCP と自然災害

　BCP の基本は「自然災害に対する備え」です。日本企業全体の対応を見る
と地震や台風（大風・浸水）は頻繁に発生するので、そのイメージが浸透し
ています。ただし、防災計画を立てている企業でも最低限必要な**自社エリア
のハザードマップを見たことがない事例**は多く見られ、自社の被害把握や従
業員の安全確認ができればあとは臨機応変に対応するというスタイルのマ
ニュアルになっている傾向があります。しかし、BCP の目的からみて自社
のリスクを具体的に把握して**戦略的に事業継続につなげる流れ**を確立させな
ければ BCP とは言えません。

## ＞ 防災対策やリスク管理

　災害を防ぐためにつくるのが防災対策といえます。台風に備えて格子窓に
変えるとか、土嚢を準備しておくなどは具体的な対策になります。防災とい
いながら災害そのものを防ぐというよりも被害をできる限り少なくするのが
主眼です。経験則に基づく防災計画とマニュアル作成が典型的な対策となっ
ているようです。

　リスク管理は防災対策と違い考えられるリスクを全部対象にします。ただ
全ての対策をとることは現実的ではないのでリスク対策に優先順位をつけ、
起こった時にはどうするかを決めて管理する方法です。管理方法は
ISO31000 を代表とする規格があるため参考にしてください。

　企業によっては防災対策もリスク管理を混在させて決めていることもあり
ます。厳密に分ける意味はないかもしれませんが、考え方の違いは知ってお
くほうがいいでしょう。さらに言えば防災対策は事業継続まで踏み込まない
ことが多くみられます。その点では BCP と言えないでしょう。

## ＞ 自然災害への備えとは

　ところで自然災害対策については津波・噴火・雷・竜巻など発生確率は小
さい災害への対応は優先順位が低い傾向があります。例えば近年被害が大き

いのは土砂災害です。ハザードマップにはその危険性が示されていますが、発生を防ぐのは自社努力では無理で一旦起こってしまうと壊滅的な被害となり対策のしようがないので、BCP に取り込みにくい課題です。自然災害対策はこのように一般的に発生確率が低く被害が大きくなる事象について優先順位を落とす傾向がでています。

> 自然災害には津波・噴火・雷・竜巻など発生確率は小さいが被害が壊滅的になる場合が多くあります。
> しかも、それらは BCP として扱いが小さいことが多いのです！

　しかし発生確率が低いとはいえ歴史的に繰り返し起こっている事実は容易に確認できるはずです。その事実を直視すればお金をかけて備えるよりも引っ越しすることを真剣に考える価値はあるはずです。拠点変更がとても現実的でないことから対策に組み込みにくいのもよく理解できます。でも次の項でいうサプライチェーンの観点からみても、可能性があるならその地から逃げるしか方法はありません。

　自然災害発生確率の計算は困難ですが、最近の洪水や土砂崩れの被害をみても決して予測不能とは言えません。事実新しい工場を作るときにその調査をせずに工場建設をして被害にあった例もありますし、その逆で調査の結果その地に移転するのをやめて助かった事例もあります。

　自然災害に対する備えというのは、大企業と中小企業ではレベル差もありますし、業種業態によっても違うので企業自身で決断をしなければなりません。ただ日本企業には昔からなじみがある対策だけに、慣れや油断もしているので最新情報をもとに常に検討を進めていくべき課題です。

# 8 BCP とサプライチェーン問題

近年の BCP の課題は自然災害に加えて、サプライチェーンの維持に焦点が移っています。サプライチェーンは自然災害対策も含めた企業の大きなテーマになるからです。結局 **BCP というのはサプライチェーンを断絶させない方向に向くべき**なのです。自然災害に対しても自社設備の強化や従業員の安全が大事なのは否定しませんが、商品とサービス網に関しサプライチェーン（供給網）の一翼としての責任も同じように重要です。BCP の基本的な要求事項はお客様に対して責任を果たすことです。自社が壊滅的な状況に陥ったとしてもサプライチェーン（供給網）としての責任を果たせれば企業立て直しの可能性は残せます。企業は信頼の上に成り立っています。普段は見えにくいかもしれない「信頼」を守れれば、企業の実態が一瞬消えてなくなったとしても企業は再生できます。それが「信頼」を守る企業の強さです。

自然災害の項でも説明しましたが、自社の備えが甘くなるという点は二次災害へのチェックも甘くなるという傾向にもなっています。自社の備えるべき点として、関係する自治体、協力会社、原材料購入先、製品の配送方法などのリスクまでみておかなければなりません。**自社に全く問題がなくても危機が来る**のが、サプライチェーンリスク対応の難しい部分であり重要な部分でもあるわけです。「中国から原料が来なかったから皆様ごめんなさい」で済む話でないのは明らかです。世界的にみてもサプライチェーンを制しているところが高いシェアを維持しています。この問題は「ピンチが来た時にすぐに復旧する」という命題ではなく、「チャンスが来た時にすぐに供給できる」という課題に対応しているとも言えます。災害対策とみえて「他社優位性のあるビジネスモデル」構築の課題なのです。**サプライチェーン対策はBCP を超えた企業課題のど真ん中といえる課題**です。

そう考えるとAmazonの事例はサプライチェーン問題の究極的な回答です。自社の弱点や課題を追求した結果として、世界各地に物流拠点とデータサーバーを持つしかないという結論に達したわけです。Amazonが日本各地に大規模な物流拠点を急ピッチで建設しているのは有名な話ですが、Amazonのお客様だけでなく商品提供側もそれを理解していることがAmazonのビジネスモデルの強さです。

　「サプライチェーンの距離が短いほどリスクが減ることはわかっている」、ではどうやって日本中（あるいは世界中）に製品を届けるのか？という問いに対する結論が物流と情報拠点の複数設置という結論です。企業がサプライチェーンに対する備えについて考えるとき、Amazonのようなビジネス形態に依存したくなるのは当然のことです。

> 企業のBCPの目的は結論的に言えば、「サプライチェーンの断絶」を回避することに尽きます。

**世の中にはリスクしか存在しません。「安全」というのは存在しないのです。絶対安全というのは地球上のどこを探してもありません。**

　リスクはその危険性を低くするしか手がありません。だからといって本当に危険と分かっている地域にそのまま居続ける選択肢はありません。「リスクという危険性」からは逃げるしか方法がないこともあります。自社外については自社がいくら努力しても納得のいく対策まで到達しないことはあるはずです。

　いくら優れた取引先でもBCPに関心のない会社であればリスクを考えた時にその会社以外の選択肢も考慮するのは当然のことです。逆に考えれば自社もお客様にそのようにみられるのも当然のことです。そのためには何をしなくてはいけないかというのが本書で解説したい点です。

# ⑨ 危機管理プログラムとは

　BCPでは「危機管理プログラム」を備えておくという選択肢があります。危機管理プログラムにはいろいろな種類があります。意味合いとしては危機発生時における初期対応です。(1)不祥事/業務ミス編・(2)事故編・(3)災害編が存在します。

　事業継続力という意味においていずれも重要な位置を占めます。現在はどの企業でも何らかの危機管理プログラムを有しているはずです。

　BCPを持たなくても「危機管理プログラム」（あるいはそれに類するもの）を備えている企業は多いと思います。したがって考え方は難しくないのですが、いざ危機が発生した時の企業事例をみると課題満載です。これからBCP策定を考えている企業もすでに備えてある企業も「危機管理プログラム」の意味を見直すべきです。すなわち緊急避難措置と考えてしまい事業継続までつながっていないケースが問題となります。事業継続を見届けてから緊急避難措置は終了となります（詳細はchapter6参照）。

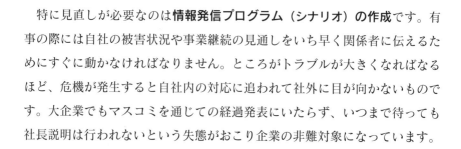

「危機管理プログラム」は緊急事態発生してから「事業継続」を見届けるまでのプログラムです。
見届けたら残務整理は引き継ぎましょう。

　特に見直しが必要なのは**情報発信プログラム（シナリオ）の作成**です。有事の際には自社の被害状況や事業継続の見通しをいち早く関係者に伝えるためにすぐに動かなければなりません。ところがトラブルが大きくなればなるほど、危機が発生すると自社内の対応に追われて社外に目が向かないものです。大企業でもマスコミを通じての経過発表にいたらず、いつまで待っても社長説明は行われないという失態がおこり企業の非難対象になっています。

結局「危機管理プログラムの意味」が社内で共有されていないということです。特に情報発信が重要な意味を持つ傾向は年々高くなってきました。

　いろいろな過去の事例を分析すると発表したくても発表できないという内情があったと理解します。つまり自社内で何が起こっているのか上層部がつかめていないことと、社内対応に追われて対外部への情報発信が優先課題になっていない問題ということです。

　ことが起こったときにたまたま出勤している人が経験則にもとづきその場で行動方針を決めているということでしょう。事実もつかめていないし情報発信する方法も決めていないとすると対外発表は遅くなるに決まっています。情報発信しようとしても、誰に何をどうやって連絡するかを決めていなければ誰も動けるわけがありません。何が起こっているのかを知るための情報を集約するシステムがないのです。

　この教訓は物事を逆に考えた方がいいということを意味します。ことが起こった時に社外に発表しなければならないという課題があるとして BCP を構築するということです。企業だけでなく政府や自治体も含めて不確かな事は発表しないという傾向は明らかに存在します。したがって社長が何も説明しないのは社長自身が社内で何が起こっているのか分かっていないからです。隠そうとしているわけでありません。

> **危機管理プログラムの目的は情報発信**
> 　いざというときの情報発信のために普段から備えましょう。

　コンプライアンス、ガバナンスという「経営の透明性」に関連する言葉が世の中にでてきてもう何十年もたっていますが、いまだに社長の耳に事実が聞こえていないかなと心配になる不祥事は起こっています。「危機管理プログラム」の有効性を支えているのは「情報網という経営の透明性」です。

# 企業の DX と BCP

　本章でも述べているとおり、DX 強化と BCP の関係は大変重要な要素です。今や新聞や雑誌を読むと何でもかんでも DX というようにみえてしまうので、多くの企業にとって DX 化のためには自社は何から手を付けていけばいいのかわからなくなるのは当然のことです。しかし、今流行語のように広まっているDX は昔から言われている IT 化やデジタル化の延長と考えても問題ありません。

　私たちコンサルタントが BCP の観点から DX 化のために何から手を付ければいいかにつき、どういうアドバイスをしているかということですが、答えは**業務基盤をデジタル化**することです。新型コロナウイルス感染症の波が襲ったときに全ての企業は打撃を受けました。事務所で仕事ができないし、人の行き来もできなくなる期間が長期に及ぶという予想不能の事態に陥りました。

　しかし、そのような中でも業務のデジタル対応をすすめていた企業の立ち直りは早かったのです。在宅勤務（リモートワーク）体制にスムーズに転換し事業継続できただけでなく、いち早くコロナ禍時代にふさわしい製品・サービスを提供して売上利益を増やすことさえできました。デジタル化も進めておらず、資金の貯えもなかった企業は、自社を守るのに精一杯でした。

　多くの企業をみていると決してデジタル化を軽視してきたわけではないのですが、経営者が不案内のために及び腰になってしまうのです。何から手を付ければいいのか IT 技術者は指摘できません。成功している企業は経営者と担当者が協働して戦略的行動をおこなっています。経営の観点と技術の観点の両方を見ざるを得ないのがデジタル化の難しいところですが、うまくバランスをとっている事例をみて自社の最適解をみつけましょう。中小企業庁などの複数のサイトに事例がありますので参考にしてみてください。

Chapter 2

# BCP の戦略的構築方法

# 1 経営戦略の一環としての BCP・BCM の重要性

　事業継続計画 (BCP) と、策定した BCP を日常的に活用・運用・見直しをしていく事業継続マネジメント（BCM：Business Continuity Management）は、会社の事業計画とは独立した取組みではありません。BCP・BCM は会社が将来に向かって成長し生き延びるための重要な取組みであることを会社全体で認識しておくことが重要です。この基本がおろそかに扱われると、BCP・BCM は防災担当者に任せておけば何とかなるだろうという風潮になり、いざ重大な災害・事故やリスクが発生した場合、全社一丸となった迅速な初動対応や意思決定ができず、復旧や事業継続に大きな齟齬をきたすことになりかねません。状況によっては、会社の存続を左右することになります。

　BCP・BCM は、会社にとって顧客への製品・サービスの供給維持、自社の雇用の確保、サプライチェーン強化等の観点から見ても、経営者自らが率先して取り組む重要な経営課題として考えることが必須の情勢となっています。また、会社が計画的・組織的に危機的な災害・事故やリスクへの備えを行っていることで、会社を取り巻くステークホルダー（株主・取引先・消費者・行政・従業員・市場等）から安全性や信頼性の評価を受け、国際的にも企業価値を高めることに有効であるとの認識が広まっています。

　このような観点からみて、BCP・BCM は経営者が経営戦略の一環としての重要な業務であり、中期的・長期的な視点で会社の存続・発展のための重要な業務という位置付けと捉え全社一丸となって取り組むべきものと再認識しておく必要があるでしょう。

　一度 BCP を作成すれば、そのまま実際の災害・事故やリスクに遭遇した時に使えるかについては甚だ疑問だという声が多く、それでは『BCP は飾り物』ということになります。このことは『BCP はとりあえず作っておけばいい』としている企業がいまだ多く、経営戦略の一環の重要な業務として BCP・BCM が位置付けられていないことに起因するとも考えられます。こ

れを打破して BCP・BCM が実効性を発揮するには、年度事業計画や中長期事業計画と BCP・BCM を連動させておく必要があります。経営計画である各年度事業計画と中長期計画は、会社の経営目標とそれを達成する手段を明確にします。経営目標は「近未来の会社の姿」であり、それを実現するために会社は「ヒト、モノ、カネ、情報」などの経営資源を駆使する手段となる事業計画を作成します。事業継続計画（BCP）は、経営計画の一環として、他の重要な経営戦略と同様に「ヒト、モノ、カネ、情報」を活用して各年度事業計画や中長期事業計画に織り込んでいく必要があるといえます。したがって、BCP・BCM の取組みに対する目標や施策について各年度事業計画と中長期事業計画に、いつまで、何を、だれがどこまでやるかを明確にして、経営者がそのことに対してコミットすることが大切になります。

〔経営計画と連動した BCP・BCM〕

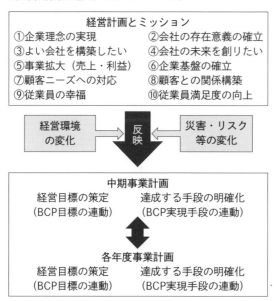

# 2 BCP・BCM は企業の成長と連動が必要

　企業あるいは事業は、成長のステージにおいてライフサイクルと呼ばれる企業における成長段階に応じて、その時々に応じた**成長の壁や経営課題**が発生してきます。

## ＞ 創造期

　新たな事業化のアイデアが出され、競合が淘汰されて一部が事業として立ち上がることができます。市場の認知度が低く、費用が先行するために利益ができにくいです（「魔の川」：アイデアや基礎研究の段階から製品化に立ちはだかる障壁、「死の谷」：実用化に向けて動き出したが、製品化に至らないことや、量産化の生産体制の確立ができないなどの障壁がある）。

## ＞ 成長期

　市場の認知も高まり、売上も伸びていきますが、営業規模の拡大に応じて、マネジメントのノウハウをレベルアップして、人材の質や量の確保、財務のバランスなどの組織、財務、収益、社内システムの確立を図る必要があります。創業に成功したオーナー社長の多くがこの時期につまずくことが多いようです（「ダーウィンの海」：市場に出したものの顧客ニーズに合致していない、市場の変化にできないなどの障壁がある）。

## ＞ 成熟期

　成長の伸びが鈍化して業績が頭打ちになる時期です。競合他社との優位性が構築されない限り、参入した市場の成熟に伴う競合相手に敗れ、市場でのリーダシップが取れずに敗退する企業が多くなります。収益を維持のためのブランド力や価格競争でも負けない調達力や生産性向上などの事業戦略マネジメントが問われる時期です。

## ＞ 衰退期（又は長期的事業継続期）

　経営環境が根本的に変化（例えば新型コロナウイルス感染症蔓延後のアフターコロナ、ウィズコロナへの対応等）して、自社の戦略上の優位性が脅かさ

れるようになると、再度、自社の優位性を確立する取組みが重要になります。このように、市場が根本的に変化する場合には、創業時のイノベーターに立ち返って新たな経営戦略に基づく事業運営が重要になります。長期的な事業継続企業「ゴーイングコンサーン企業」となるか、衰退企業「**負け犬企業**」となるかの分かれ目の時期です。伝統的かつ著名な企業でもこの時の環境変化に迅速・的確に対応できないと敗退してしまいます。

　企業が長期的な事業継続企業として存続・成長を果たしていくには、ライフサイクル曲線の①創業期、②成長期、③成熟期、④衰退期の壁や経営課題を最適な経営戦略を駆使して乗り越えていく必要があります。BCP・BCMも経営戦略の一環として見ると①創業期、②成長期、③成熟期、④衰退期のリスク等にはそれぞれ大きな違いがあります。一旦作成したBCP・BCMも企業・組織の成長に応じてその内容が妥当かどうか、各年度計画や中期経営計画の見直しに併せてタイムリーな見直しが必要です。経営環境や地球環境の変化は不断に続き、企業を取り巻くリスクも様々な形のものが出現してきますので、それらのリスクへの適応力の高さが企業を長期的な事業継続企業へ導くための分かれ道になります。

**〔企業のライフサイクル曲線と成長の壁〕**

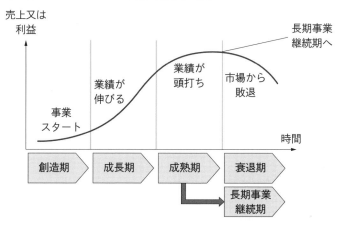

# 3 原因事象アプローチと結果事象アプローチ

　前述のとおり、BCPの対象事象は従来と比べると、多様化しかつ大規模化してきています。こうした情勢の中で、これまでのように「地震」「津波」「感染症」などの原因事象ごとにBCPを作成すると、BCPマニュアルがそれぞれ必要となり、いざというときには運用しづらくなります。このように原因事象に応じてBCPを策定するやり方は『**原因事象アプローチ**』と呼ばれていますが、これには2つの問題が指摘されています。

　第1にマニュアルが地震BCP、感染症BCP、風水害BCPなど原因事象ごとに策定されるために、マニュアルの数が多く存在することになります。したがって、①BCPが対象事象ごとにできてしまうために、相互に整合性を図る必要があり文書体系全体の管理・運用するのが大変になる、②教育・訓練を行うにしても、実効性の上がるやり方をどう考えたらよいかわからないなどのジレンマがあります。

　第2にマニュアルにない事象が起こった時に、「想定外」となってしまうことが発生します。例えば、東日本大震災のように地震、津波、原発事故、長期停電などが複合的に起こる場合や新型コロナウイルス感染症の出現のように未知のリスクが発生した場合に「想定外」となってしまいます。災害・事故やリスクはどんなに想定しても、なぜか「想定外」の内容や規模になる可能性を秘めています。

　一方、『**結果事象アプローチ**』とは、発生した原因の違いにかかわらず、起こる結果は共通しているという観点に立って対応を行うことをいいます。災害・事故やリスクの原因はたくさんあるけれども、事業継続の観点から見ると発生事象によって結果的に起こることへの対応としては、以下などの共通的な結果事象となります。

　①　重要製品・サービスの供給継続早期復旧

　②　企業組織の中枢機能の確保

③　情報及び情報システムの維持

④　事業継続のための資金の確保

⑤　代替手段の実行

　したがって、事業継続にあたっては、優先的に対応する発生事象を念頭に置いて行うものの、日頃の BCM は「どのような危機的な事象が発生しても重要業務を継続する」という観点で**『結果事象アプローチ』**で取り組むことが推奨されます（具体的な取り組み方は後述します）。

　だからといって地震、風水害、感染症、サイバー攻撃などの発生事象の存在を無視しての BCP・BCM の運用は難しいので、自社で考えられる発生確率の高い発生事象、たとえば自然災害であれば大規模地震や自社に関連するハザードマップを参考にしての風水害、感染症としての新型コロナウイルスなど想定しながら、『結果事象アプローチ』と『原因事象アプローチ』の併用で対処していく方法が現実的と考えられます。

〔**原因事象に関わらず起こる結果事象は共通**〕

| 想定される各種発生事象 | | 結果事象 |
|---|---|---|
| 災害 | 地震 | 重要製品・サービスの供給継続・早期復旧 |
| | 風水害・津波 | |
| | 火災 | |
| | 重大感染症（インフルエンザ、新型コロナウイルス感染症など） | 企業組織の中核機能の確保 |
| 障害 | ハードウエア・ソフトウエア障害 | |
| | 関連設備（電源、バッテリー、空調）の障害 | |
| | 電源供給の停止・長期停電 | 情報及び情報システムの維持 |
| | 通信回線の障害・長期停止 | |
| | 交通の途絶 | |
| 過失 | 情報システムの誤操作・長期停止 | 事業継続のための資金の確保 |
| | 社内インフラの誤操作・長期停止 | |
| 故意・その他 | 建物破壊・爆破予告・異物混入等による脅迫 | |
| | 強盗・不審者の侵入、リーガル（法的）事件 | 代替手段の実行 |
| | 情報システムの破壊・乗っ取り・改ざん | |
| | クーデター・軍事侵略・生物兵器テロ | |

# 4 事業継続の2つの戦略とオールリスクBCP

## 早期復旧戦略と代替戦略

事業継続戦略には、主として①早期復旧戦略と②代替戦略の2つの戦略があります。これまで多くの企業で地震に対する防災対策の一環として自社の中で完結するために検討がしやすいなどの理由から「地震等により会社組織や業務プロセスが機能不全になる」という原因事象アプローチによる①早期復旧戦略を用いた事業継続戦略をとってきました。早期復旧戦略は現場の修復を基本に考えるものです。

しかし、東日本大震災の経験による教訓で判明したように、重要性の高い拠点が全壊するような機能不全となった場合は、早期復旧戦略だけでは対応することができないことがわかってきました。このため、最近ではサプライチェーン全体で企業間の連携・協調による②代替戦略を採用する企業が増えてきました。代替戦略では何らかの代替策を取り入れることにより、被災していないところに拠点を移すことや、被災していない提携先の企業から支援を受け入れるなどの代替手段により対応しようとするものです。

## オールリスクBCPという考え方

また、内閣府の事業継続ガイドラインでは、オールリスクに対するBCP対策の考え方が取り入れられました。これは個別の原因事象アプローチによる事業中断の原因からスタートしないで、重要業務を遂行するための共通的な対策（初動体制、復旧、継続手順など）を結果事象アプローチで代替戦略としての構築を視野に入れて、ヒト、モノ、カネ（資金）、情報（システム）等の対応する経営資源にフォーカスしてBCPを策定する取組みです。

しかし、対象として想定する原因事象全てを一律に考慮して結果事象アプローチによるBCPを具体的にどう策定するかという疑問もあることから、自社にとって重要業務に最も影響を与えると想定される対象事象（たとえば、大規模風水害、感染症、情報インフラなど）をいくつか選定してBCPを作成

しておく方法など、個別原因事象アプローチによる BCP と結果事象アプローチによるオールリスク対策 BCP の調和の形で進めておくことが現実的には検討を進めやすいといえます。

**〔発生事象とオールリスク BCP 対策との調和〕**

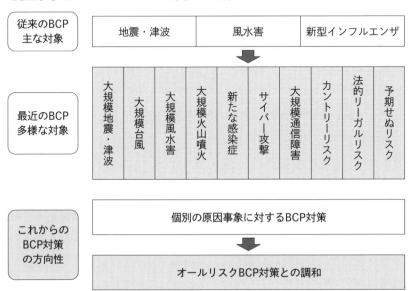

# 5 事業継続戦略としての検討すべき観点

　原因事象に関わらず起きる結果事象は共通ですが、事業継続ガイドライン
でも推奨されている経営戦略として事業継続の観点で検討すべき共通的な内
容について、以下の5つの取組みにより説明します。

## ＞ 重要製品・サービスの供給継続・早期復旧

　自社の重要事業である重要製品・サービスの供給継続と早期復旧は BCP・
BCM における最も認識すべきポイントであり、その目的達成のためには、
業務拠点である建物や設備の被害抑止・軽減策が戦略として重要です。また、
調達・供給の観点では在庫確保と場所の分散、調達先の分散、供給先・調達
先との連携が必要となります。人材・要員に関しては、重要業務の継続に不
可欠な要員の事前育成や確保のための人材戦略を講じておく必要があります。

## ＞ 企業組織の中核機能の確保

　緊急時には迅速な意思決定と指示・情報発信が求められるため、企業組織
における本社等の重要拠点が被害を受け機能マヒに陥った場合は、企業の中
核機能が停止する可能性があります。したがって、本社の建物・施設に対す
る災害・事故やリスクからの被害軽減策を講じることは従業員の生命・身体
の安全確保の観点からも重要な観点です。併せて、ステークホルダーに対す
る情報発信機能の途絶を防止する観点も重要性が高いといえます。

## ＞ 情報及び情報システムの維持

　情報化が高度に発達した今日の企業活動においては、自社で保有する様々
な企業活動のための情報やデータは事業継続のために重要な経営資産であり、
その情報を駆使する情報システムは被災時でも利活用ができるようにしてお
く必要があります。こうした重要な情報及び情報システムは必要に応じて
バックアップシステムや二重化の措置を講じて、災害等が発生しても同時に
被災しないような対策を実施しておく必要があります。また、システムダウ
ンに備えて、切替・復旧手順をあらかじめ決定して不測の事態に備えておく

ことが重要となります。

## 事業継続のための資金の確保

　BCPでは、災害・事故やリスクにより被災する建物・施設や人的被害など
に重点が置かれがちですが、企業が被災すると事業が正常に運営できなくな
り、長期にわたり収入が得られなくなる可能性があります。それにより従業
員に対する給与の支払や取引先への支払に苦慮する事態の発生する恐れがあ
ります。被害を受けた設備復旧や代替拠点立ち上げの臨時支出に伴うキャッ
シュフローの停滞による資金不足により事業が財務的な問題で立ちいかなく
なることもあります。こうした事態を避けるためにも資金及び財務面での対
応は事業継続のために重要となります。

## 代替手段の実行

　緊急時における企業の対応として、行政や社会インフラ事業者との連携や
地域との共生を考慮しておく必要があります。このほかサプライチェーンを
形成する企業や同業他社との連携も視野に入れて事業継続を図る方法も有力
な選択肢となります。競争社会において企業同士が災害を前提とした相互の
支援協力体制を築くのは難しい面もありますが、企業間の「災害時協力協
定」をあらかじめ結んでおき不測の事態において、製品や部品の相互供給を
可能とすることは事業継続において有効な手段となります。

**〔事業継続戦略として検討する観点〕**

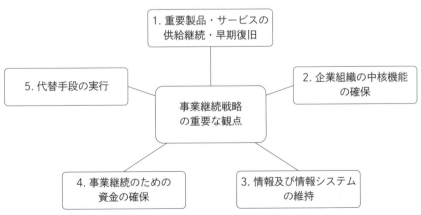

コカ・コーラの社長として 12 年間にわたり全世界の事業展開を指揮し、「ビジネスで失敗する人の 10 の法則」の著者ドナルド・R・キーオ氏が 60 年以上のビジネス経験から導き出した 10 の法則は次のとおりです。

法則 1. リスクをとるのを止める
法則 2. 柔軟性をなくす
法則 3. 部下を遠ざける
法則 4. 自分は無謬（むびゅう）だと考える
法則 5. 反則すれすれのところで戦う
法則 6. 考えるのに時間を使わない
法則 7. 専門家と外部コンサルタントを全面的に信頼する
法則 8. 官僚組織を愛する
法則 9. 一貫性のないメッセージを送る
法則 10. 将来を恐れる

会社がうまくいかない理由は経営者や社員の個人的な資質にあり、10 の法則が 1 つでも当てはまるなら、あなたの仕事は高確率で失敗だといっています。ビジネスが成功する法則やセオリーを謳った書籍は星の数ほどありますが、ビジネスが失敗する法則を正面切って言い切る書籍は数少ないです。この本の 10 の法則は、確かにこれをしたら、自分のビジネスが失敗や破綻に向かうことになるだろうという内容が迫ってきて、読者は自身の経験に照らしつつ読みながら少なからず冷や汗をかくことでしょう。

10 の法則は反面教師であり、この法則に足を踏み入れなければ逆に成功することになるわけですが、人間の弱さがこれらの法則に立ち入っても自分は大丈夫と過信してしまうところに怖さがあります。この法則の第 1 番目に取り上げられているのが、『リスク』のテーマです。BCP はリスクが出発点であり、そのリスクとのかかわり方をどうすればよいかが重要な論点です。

Chapter 3

# BCP 策定の
# ポイント

# 計画の作り方

本章では、具体的な事業継続計画、BCP の作り方を取りあげます。形式だけの BCP ではなく、「使える」BCP を作らなくてはいけません。

## 便利な時代

全く知識も経験もないので、BCP を作るのは難しいと思う方も多いでしょう。しかし、今は便利な時代です。インターネットで調べてみると、BCP の様々なガイドラインやテンプレートが、たくさん、見つかります。それらを活用すれば、完成度はさておき、ひととおりの BCP は、簡単に作成することができます。

## テンプレートを使う前に

テンプレートを使えば、形だけは、BCP が作成できますが、残念ながら、それだけでは、有効な計画にはなりません。表面的に字を埋めているだけなので、いざ、災害等が発生して、その計画を使おうと思っても、「想定や対策が甘くて、使い物にならないじゃないか」という状況が生まれてしまいます。そんな状況に陥らないように、あらかじめ、考えておくべきことがあるのです。

## 何を考えておくか

計画には、「目標」が必要です。災害等が発生してからどの程度の時間で、どの程度まで業務を復旧させるのか、の目標の設定次第で BCP の対策は大きく変わっていきます。

また、リスクといっても、水害、地震、感染症、インフラや機器の障害など様々です。どのリスクがどの程度、事業継続に影響するかという「リスク想定」をしておく必要があります。

リスクを想定したら、そのリスクが現実になってしまった時、自社の業務は、どうなるのかを考えます。社員が出社できない、機械が使えない、システムが動かないなど、いろいろな事象が考えられ、それぞれが事業継続を危

うくします。しかし、事業の特性により、この人がいれば何とかなる、この機械さえ動けば何とかなるなど、事業継続のポイントになる経営資源を「優先順位」付けしておけば、効率的な対策を考えることができます。

　事業を継続するための具体的な「対策」を、あらかじめよく考えておき、計画に記載しておけば、いざ、という時に慌てずに、対策を実行できます。

### ＞ 計画の作成

　このように、「目標」「リスク想定」「優先順位」「対策」をきちんと考えておいた上で、テンプレートを使って、事業継続計画を作成すれば、「使える計画」を効率的に作成できるのです。

**〔事業継続計画作成のイメージ〕**

| | |
|---|---|
| 目 標 の 設 定 | 復旧までの目標時間を設定する |
| リスクの想定 | 水害、地震など色々なリスク |
| 優先順位付け | これさえあれば何とかなる |
| 対 策 の 立 案 | いざという時に慌てない |
| 計 画 の 作 成 | テンプレートを使って効率的に |

# 2 テンプレート・ガイドライン

　インターネットで、「事業継続計画　テンプレート」とキーワードを指定し、検索すれば、たくさんのテンプレート、ガイドラインが表示されます。様々な役所や団体が作成しており、どれを使って良いのか、分からなくなるほどです。役所や団体の特徴により、少しずつ内容も異なっているので、利用するには、注意が必要です。ここでは、代表的なテンプレートをいくつか紹介し、また、主だったものを一覧にします。

## ▶ 中小企業庁「中小企業 BCP 策定運用指針」

　中小企業へのBCP（緊急時企業存続計画又は事業継続計画）の普及を促進することを目的として、中小企業関係者や有識者の意見を踏まえ、中小企業庁が作成したものです。

　指針には、中小企業の特性や実状に基づいたBCPの策定及び継続的な運用の具体的方法が、わかりやすく説明されています。

　中小企業が投入できる時間と労力に応じて、「入門コース」「基本コース」「中級コース」「上級コース」の4つに分かれています。まずは、「入門コース」を作成し、段階を踏んで改訂していくことで、徐々により上位の事業継続計画を作成していくことができます。

## ▶ 中小企業庁「事業継続力強化計画」

　これも中小企業庁で作成したテンプレートです。「事業継続力強化計画作成指針」や「事業継続力強化計画策定の手引き」を参照して、事業継続力強化計画を作成することができます。

　特徴として、単なる事業継続計画の作成にとどまらず、中小企業が策定した防災・減災の事前対策に関する計画を経済産業大臣が「事業継続力強化計画」として認定する制度であることがあります。認定を受けた中小企業は、税制措置や金融支援、補助金の加点などの支援策が受けられます。

　計画作成する際に、認定を受ける、というモチベーションが得られます。

また認定を得るためには内容もしっかりする必要があります。さらに、認定後は支援策も受けられるので、一石二鳥のテンプレートです。

## ❯ 内閣府「事業継続ガイドライン」

「あらゆる危機的事象を乗り越えるための戦略と対応」というサブタイトルを付けて、内閣府が、令和3年4月に改訂したテンプレートです。

企業・組織の事業（特に製品・サービス供給）の中断をもたらす自然災害を対象としている他、大事故、感染症（パンデミック）、テロ、サプライチェーンの毀損など、事業の中断をもたらす可能性がある、あらゆる発生事象について使える汎用性の高いものになっています。

## ❯ 他にもテンプレートがたくさん

上記の他にも、国や自治体、商工会議所などの団体も事業継続計画のテンプレートを出しています。自社の事業、業務の特色を踏まえ、自社に合ったテンプレートを選択して、利用することが大切です。

〔**主な事業継続計画のテンプレート一覧**〕

| 名称 | 発行元 | URL |
|---|---|---|
| 中小企業BCP策定運用指針 | 中小企業庁 | https://www.chusho.meti.go.jp/bcp/ |
| 事業継続力強化計画 | 中小企業庁 | https://www.chusho.meti.go.jp/keiei/antei/bousai/keizokuryoku.htm |
| 事業継続ガイドライン | 内閣府 | https://www.bousai.go.jp/kyoiku/kigyou/keizoku/pdf/guideline202104.pdf |
| 新型コロナウイルス感染症発生時の業務継続ガイドライン | 厚生労働省 | https://www.mhlw.go.jp/content/000922077.pdf |
| 農業版BCP（事業継続計画書） | 農林水産省 | https://www.maff.go.jp/j/keiei/maff_bcp.html |
| BCP策定ガイド | 東京商工会議所 | https://www.tokyo-cci.or.jp/survey/bcp/ |
| BCP策定支援ポータル | 東京都中小企業振興公社 | https://www.bcp-navi.tokyo/ |
| BCP（事業継続計画）テンプレート | 東京都港区 | https://www.city.minato.tokyo.jp/bousai/syokubabousai/documents/bcptemplate.pdf |

# 3 計画立案チームの結成

BCP は、経営目標を踏まえた上で、社内の各組織、部門を巻き込んで、作成していく必要があります。社内全体を巻き込んでいくには、強いリーダーシップが必要となります。会社には、様々な組織、立場の人がいて、それぞれ優先したいことが異なってくるため、どうしても、合意形成が難しい場合があります。それらを調整し、皆が納得できる計画にするには、どうしてもリーダーシップが重要となるのです。

ただ、リーダーだけでは、計画を作ることができません。社内には、専門部署があり、それぞれの業務内容や体制を踏まえて計画を作成していかないと、実効性のある計画が作成できないからです。リーダーのもと、社内各部署からメンバーを選出した「プロジェクトチーム」を作って、計画を立案していきましょう。

## リーダーの選出

中小企業であれば、社長がリーダーとなることが望ましいでしょう。誰よりも、会社や事業全体、経営目標を知っており、社内、社員を動かすこともできるからです。しかし、ある程度、会社規模が大きくなると、社長も計画作成以外にも、やらなければならない仕事が増えてきて、時間が割けず、なかなか、計画作成が進まない、ということにもなりかねません。その場合は、他の役員や、全社に目が届く経営企画部門、総括部門などの責任者を、リーダーとして選出することになります。

社長から、リーダーを任命する際には、経営目標や事業継続計画の重要性を説明し、さらには何か困ったことが起きた場合は社長が全面的にバックアップする旨をリーダーに伝えておく必要があります。

計画作成においては、プロジェクト運営、調整や、計画のドキュメント化などで、事務処理稼働が発生します。余裕があれば、リーダーの補佐役として、事務局メンバーを選出しておいた方が、リーダーの負担が軽減できます。

リーダー配下の、部長や課長などのマネージャークラスを事務局にすると良いでしょう。

❯ プロジェクトチームの編成

　リーダーと事務局が決まったら、社内各部署から、メンバーを選出して、プロジェクトチームを編成します。「営業」「製造」「購買」「経営企画」「情報システム」「総務」「人事・労務」「広報」など、会社には多くの部門があります。事業継続は、いずれの機能が欠けても、難しくなります。各部門から、代表者を選出してもらい、事業継続計画立案のプロジェクトメンバーの一員として、計画を作成に協力してもらいましょう。

❯ プロジェクトチームの運営

　リーダー、事務局、プロジェクトメンバーが決まったら、「事業継続計画立案プロジェクト」として活動していくことになります。皆、本業を抱え、多忙な中での活動になるので、効率的にプロジェクトを運営していく必要があります。目標、スケジュール、役割分担、課題などを明確にして、定期的にプロジェクト会議を実施するなどして進めていきましょう。

〔計画立案プロジェクトチームのイメージ〕

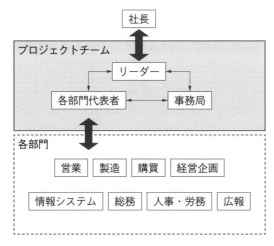

# 4 作成プロセス

BCPを作成するチーム、体制が固まったら、実際に作成をすることになります。ただし、やみくもに作るのではなく、作成のプロセスを踏まえて作成することで、漏れのない計画を効率的に作ることができます。

ここでは、作成プロセスを概観します。

## 〉 目標を明確にする

BCPにおいては、災害等が発生し、事業や業務が停止してしまってから復旧するまでの時間の目標設定が重要になります。もちろん、早く復旧するのが望ましいのですが、対策実施にも費用がかかることから、投資判断の側面もあります。具体的には、目標とする復旧までの時間、まずはどの程度まで業務を復旧させるか、の設定をします。

## 〉 リスクを洗い出す

事業継続を妨げるリスクは様々なものがあります。地震・台風・津波などがありますし、その結果、停電・倒壊・通信障害などが引き起こされることもあるでしょう。自然災害だけでなく、感染症・テロ・戦争などもリスクとなります。まずは、想定されるリスクをどんどん出して洗い出します。

## 〉 優先順位を立てる

会社には、様々な業務があります。どの業務が停止したら、事業継続が難しくなるのか、これは会社の業種や業態、ビジネスモデル、特性等によって変わります。自分の会社ではどの業務を優先すべきかを考え、優先順位を立てます。

## 〉 対策を作成する

リスクが現実化してから対策を考えるのでは、復旧に大きな時間がかかってしまいます。計画作成の段階で、具体的な対策を作成しておきます。4つの視点（回避、低減、移転、保有）を用いて対策を立てます。

## 内容を絞る

　対策は複数考えられます。費用をかければ、効果も増しますが、費用に見合った効果なのかを評価する必要があります。費用対効果を考えて、対策の内容を絞ります。

## 作成してみる

　基本的な検討ができたら、いよいよ計画を作成してみます。テンプレートを選んでドキュメント化します。自社特有の事情や社会の情勢が変化した場合などは、テンプレートになくても、独自の項目として書き加えておきましょう。ドキュメント化できたら、社長以下、関係者で計画の合意を形成しておくことも忘れてはいけません。

## 計画を生かす

　計画は作りっぱなしでは機能しません。関係者へ周知したり、訓練したり、見直したり。維持管理をしっかりやって、「計画を生かす」ことが大事です。

〔作成プロセス〕

| |
|---|
| ・　目標を明確にする |
| ・　リスクを洗い出す |
| ・　優先順位をつける |
| ・　対策をたてる |
| ・　内容を絞る |
| ・　作成してみる |
| ・　計画を生かす |

# ⑤ 目標を明確にしよう

　目標を立てる場合、分かりやすくて明確な指標を使えば、具体的な対策も立てやすくなります。ここでは、事業継続計画で目標設定に使われる RTO、RLO について説明します。

## ＞ RTO と RLO

　RTO は、"Recovery Time Objective" の略で、「目標復旧時間」と訳します。災害やトラブルによって業務、事業が停止してしまった場合に、「いつまでに復旧するか」という目標時間を定める指標です。事業継続計画の策定において欠かせない視点で、事業の特性やビジネスモデル（仕入先、取引先など）を考慮して設定します。

　RLO は、"Recovery Level Objective" の略で、「目標復旧レベル」と訳します。どのレベルで業務を復旧させ、事業を再開するかを示す目標値です。平常時の稼働状態を 100 ％と考え、そのうちの何％の割合で復旧させるかを表す指標となり、どの程度の運用によって事業でどの程度の損失を許容できるかなどを検討した上で設定されます。

## ＞ 目標設定

　RTO、RLO を用いて目標設定をします。

　災害等により人員やインフラ、仕入等に支障が出て、事業の操業が停止してしまった、とします。平常時の操業率を 100 ％とすると操業率が 0 ％になってしまう状態です。当然、このまま放置していては、事業が停止したままになってしまうので事業の復旧を図ることになります。

　この際、発動するのが、BCP、事業継続計画です。

　会社の色々な業務や取引が停止している状態において、操業率 100 ％の状態に戻すには、多くの日数を要します。

　100 ％とは行かずとも、最低限、これだけの業務を再開できれば、事業は継続できる、というレベルを RLO といいます。RLO は、厳密に数値化する

のは難しいものです。このレベルまで、復旧できれば、事業継続といえるかは、ある意味、会社毎に違いが出ます。会社のビジネスモデル、ポリシーなどに依るといえるでしょう。まずは、ここを決めます（❻でも触れます）。

RLO が決まったら、操業停止（操業率 0 ％）の段階から、RLO のレベルまで、復旧させるのに要する時間を設定します。設定した RLO のレベルで操業させるための、人員、インフラ、取引などを復旧するために、どの程度の時間がかかるか、あるいは許容するか、これの時間目標が RTO となります。RTO を短く設定すれば、ある程度の費用をかける必要がでますし、費用を減らそうとすれば、RTO が長くなってしまいます。RLO、RTO、費用などを考えて、自社にとって最適な、RLO、RTO を設定する必要があります。

仮に、RLO を操業率 50 ％、RTO を 3 日と設定すれば、その会社の事業継続計画の目標は、「災害発生後 3 日間で、操業率を 50 ％に戻し、事業を継続する」ということになります。

もちろん、RLO のレベルで留まっていてはいけません。RLO レベルで何とか事業を継続する「継続フェーズ」、平常時の状態まで回復させる「回復フェーズ」に何をするのかも、計画の中に記述しておきます。

**〔RTO、RLO のイメージ〕**

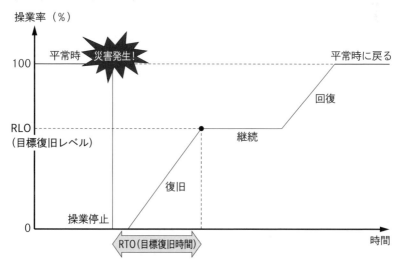

# 6 優先順位を立てよう

BCP では、経営上優先すべき業務等をあらかじめ特定します。その際、よく用いられる手法が BIA です。

## ＞ BIA

BIA は、"Business Impact Analysis" の略で、「ビジネスインパクト分析」と訳します。会社には、製造、営業など様々な業務があります。どの業務が、ビジネスを継続する上で重要なのか、を評価・分析し、優先して復旧させるべき業務を洗い出します。

## ＞ BIA のステップ

BIA は、「業務の棚卸し」「ビジネスインパクトの分析」「RLO の設定」「RTO の設定」の 4 ステップで実施します。

「業務の棚卸し」は、会社全体を見て、どんな業務が存在しているか、棚卸して、書き出し、整理します。仕入れ、製造、物流、システム、営業などの基幹業務はもちろん、経営企画、総務、人事・労働、広報などもあるでしょう。

「ビジネスインパクトの分析」は、洗い出した複数の業務のそれぞれに関し、事業を継続させるのにどれくらいのインパクトがあるか、という視点で、「高・中・低」などのランク付けをすることで、復旧を優先させるべき業務を明確にします。

「RLO の設定」は、復旧を優先させる業務をどの程度のレベルまで復旧させて、事業の継続を図るか、を決めます。100 ％の復旧は時間がかかるので、会社として、この程度まで復旧させれば、最低限の事業が継続できるレベルに設定します。この際に、そのレベルを実現するためのリソース（ヒトやモノなど）の確保、方法を具体的にしておきます。

「RTO の設定」は、上記の RLO を実現するために要する時間、許容する目標時間を設定します。例えば、製造部門の社員が 50 ％出社する、機械の

うち特に重要な機械を稼働させるのに要する日数などが挙げられます。

## ＞ BIA のアウトプット

BIA のアウトプットは、「BIA シート」にまとめます。BIA シートは、縦軸に、洗い出した会社の業務を書きます。横軸には、各業務の事業継続におけるビジネスインパクトの評価、RLO,RTO を書いていきます。

〔**BIA の作成ステップ**〕

| STEP1 業務の棚卸 | STEP2 業務インパクト分析 | STEP3 RLOの設定 | STEP4 RTOの設定 |

〔**BIA の作成ステップシートの一例（イメージ）**〕

| 業務 | インパクト | RLO | RTO |
|---|---|---|---|
| 仕入れ | 中 | 重要部品上位 30 ％の在庫確保<br>残り部品の仕入れ先確保 | 3 日 |
| 製造 | 高 | 製造人員 50 ％出社・機械 50 ％稼働 | 5 日 |
| 物流 | 中 | 最重要顧客上位 5 社に製品供給 | 3 日 |
| システム | 高 | 通信手段の確保<br>製造管理システム稼働<br>経理システム稼働 | 3 日 |
| 営業<br>顧客対応 | 中 | 営業人員 50 ％出社<br>顧客連絡・復旧見通し報告 | 3 日 |

※ 事業全体の RTO は表中の最大値を取って、5 日となります。

# 7 リスクを洗い出そう

　事業の継続を妨げる事象、リスクは多岐にわたります。ここでは、想定すべきリスクを一次災害、二次災害、その他と分類して考えます。想定される災害を可能な限り挙げ、会社の業務に与える影響、リスクを洗い出します。

## ＞ 一次災害

　一次災害とは、ある災害そのもの、又はそれによって生じる被害のことです。想定する災害としては、水害・台風・地震・雷・噴火などがあります。一次災害は、いくら注意していても、不意を突かれ、突然襲われる場合が多く、生命の危険にさらされかねません。まずは、生命を守る行動が求められます。

　会社の立地により、水害の起こりやすい土地、地盤が弱く地震の揺れが大きな土地などがあります。自治体が作成しているハザードマップなどを参考にしながら、自分の会社は、どの被害が発生しやすいのか、リスクを確認しておく必要があります。

## ＞ 二次災害

　二次災害とは、一次災害の発生を機に派生的にもたらされる被害のことです。一次災害のあと、二次災害発生までは、タイムラグがあることも多く、対策を実施することもできる場合があります。豪雨が引き起おこす地滑り、崖崩れ、地震による津波、火災などのほか、社会インフラの崩壊、断絶などが相当します。例えば、停電、断水、ガス漏れ、通信障害、道路閉鎖、交通網麻痺、システム障害などがあります。

　会社の業種や業態、ビジネスモデルにより、各種インフラへの依存度は変わってきますので、自分の会社にとっては、どのインフラの被害が、事業を継続する上で、致命的になるのか、リスクを確認しておきましょう。

## ＞ その他

　社会やシステムが高度化、複雑化してきたことで、上記の一次災害、二次災害以外にも多くの災害、リスクが存在します。

新型コロナウイルス感染症など、感染症により事業の継続が危うくなることは、世界中の会社が経験しました。外出制限、営業制限、渡航禁止、輸出入制限、半導体不足など事業継続を妨げる多くのリスクがありました。コンピュータは業務にとって欠かせないものになりました。コンピュータもウイルス感染がありますし、不正アクセス、情報漏洩など多くのリスクを抱えています。テロも無視できません。日本でも、京都のアニメ会社や大阪のクリニックなどで、放火事件が発生し、多くの方が亡くなっています。自分の会社でも起こりうるリスクなのです。ロシアによるウクライナ侵攻は現実のものとなりましたし、北朝鮮のミサイル発射、中国と台湾の関係など、日本の周りにも戦争の影響が出てくるリスクはあります。実際、戦争により、原油などのエネルギー価格、小麦などの食料品価格が高騰するなど、事業継続を妨げる経験をしています。

**〔リスクの分類と例〕**

| 分類 | 説明 | 例 |
|---|---|---|
| 一次災害 | ある災害そのもの、又はそれによって生じる被害のことです。<br>災害としては、大雨・台風・地震・雷・噴火などがあります。 | 大雨・豪雨<br>地震<br>雷<br>噴火　　　　　　など |
| 二次災害 | 一次災害の発生を機に派生的にもたらされる被害のことです。<br>津波、火災、社会インフラの崩壊、断絶などが相当します。 | 津波<br>地すべり・崖崩れ<br>火災<br>停電<br>断水<br>ガス漏れ<br>通信障害<br>道路閉鎖<br>交通網麻痺<br>システム障害　　など |
| その他 | 一次災害、二次災害以外に想定される被害のことです。 | 感染症<br>コンピュータウィルス<br>テロ<br>戦争　　　　　　など |

# 8 対策を作成しよう

事業を継続させるために、具体的な対策を作成し、いざ、リスクが現実のものになった時、速やかに実効できるようにしておきます。

## リスクマネジメント

対策の作成はリスクマネジメントのプロセスの1つです。リスクマネジメントは事業や組織の運営に影響を与えるリスク（不確実性のある事象）に対して、適切な予防を施す一連のプロセスを指します（ISO31000）。

リスク対策に関しては、様々な分類が存在しますが、ここでは、4つの視点（回避、低減、移転、保有）を用いた対策について説明します。

## 4つの視点（回避、低減、移転、保有）

「回避」とは、リスクそのものを無くしてしまう対策です。水害が多い地域に事業所があれば、台風などで水害が発生するリスクは当然高くなります。水害のリスクをなくすため、海や川から離れた地域に事業所を移転することなどが「回避」の対策となります。

「低減」とは、事業を継続するために不可欠な基幹設備、システム、インフラなどを現用、予備と二重化し、リスクを低減する対策です。災害が発生し現用機が動かなくなった場合、予備機に切り替えて、事業を継続します。電力などのインフラの二重化は、効果的な対策です。事業所を複数箇所に分散させておき、ある事業所の業務が停止しても、他の事業所で代わりに業務が継続できるようにすることも、リスク低減対策の1つです。

「移転」とは、保険などに加入して、リスクを移転する対策です。リスク、災害が発生し、事業、業務が停止すると、当然、会社は、経済的損失を被ります。あらかじめ、損害保険会社の損害保険等に加入しておけば、災害で生じた損失を補填してもらえます。地震保険、火災保険、水災保険、機器やシステム個々の保険、保証など様々な保険が存在します。

「保有」とは、リスクそのものを許容して、何も対策をしないことです。何

も対策をしないのは、不安かも知れませんが、全ての業務、機器、システム、インフラに対策を施すことは、費用が極めて多くかかるため、現実的ではありません。もちろん、停止した場合の影響をしっかり確認しておくことは大前提ですが、停止しても、最小限の業務が続けられる機器等は、無理に対策をしないで、そのままにしておくこともあるのです。

〔**対策の 4 つの視点（参考：ISO31000）**〕

| 分類 | 説明 |
|---|---|
| 回避 | そもそもリスクを引き起こす原因を除去して、リスクを回避します。発生確率も影響度も高い場合に考えます。 |
| 低減 | 設備、システム、事業所などを二重化して、リスクを低減します。発生確率が高く、影響度が低い場合に考えます。 |
| 移転 | リスクが発生し、損害が生じる場合に備えて、損害を補償する保険に加入して、リスクを移転します。発生確率が低く、影響度が高い場合に考えます。 |
| 保有 | リスクに対して、特に対策をとらず、その状態を受け入れ、リスクを保有します。発生確率も影響度も低い場合に考えます |

## 対策選択の考え方

リスクに対しては、多くの対策が存在します。どの対策を選択すべきか、迷う場合もあるでしょう。選択の考え方の基本は、「発生確率」と「影響度」です。「発生確率」「影響度」がともに高いリスクは、事業停止に至りやすいため、費用をかけても「回避」などが視野に入ります。「発生確率」が高く、

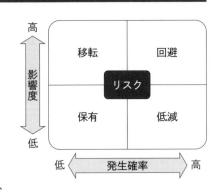

「影響度」が低いリスクは「低減」などが選択されます。逆に、「発生確率」が低く、「影響度」が高いリスクは「移転」などが合うでしょう。「発生確率」「影響度」がともに低いリスクは、滅多に起こらず、起きてもそんなに影響のないリスクなので「保有」を選びます。

# ⑨ 内容を絞ろう

　いろいろ対策は出てきますが、対策によっては、相当な費用がかかるものがあり、全てにおいて、完璧な対策を準備することは難しいものです。対策毎に費用対効果を考えて、対策の内容を絞りましょう。

## ＞ 費用対効果

　「回避」「低減」「移転」「保有」など、リスクに対しては、さまざまな対策が考えられます。

　リスクのない土地に事業所を移転するなどは、大変な費用がかかりますが、リスクをなくす、ということでは、大きな効果があります。

　滅多に起こらないリスクで、仮に発生したとしても、目標復旧レベルでの事業継続が可能となる設備等は、何も対策をしないということが、もっとも費用対効果の高い対策となります。

　このように、最終的に対策を立てるには、複数ある選択肢の中から、費用対効果を分析、比較して、最も良い対策を選択するということになります。

　費用に関しては、仮にその対策を実施にした場合の概算費用を見積もってみることが必要になります。業者などに見積もりをお願いするのが一番正確ですが、全ての対策に見積もりを取るのも現実的ではありません。しかし、最低でも、インターネットなどで、相場を確認しておくことは大切です。思ったよりも費用がかからない対策が存在した場合、対策の選択を誤って、あとの祭り、となることもあり得るからです。

　効果に関しては、対策を実施した場合、どの程度損害を低減できるか、で考えます。災害等が発生し、対策の結果、業務の停止が発生しない、業務の停止が発生しても短時間で復旧できる、時間はかかるが復旧できる、復旧できないが、事後に損失の補填が受けられる、復旧できないがそもそも業務継続には大きな影響がない、など対策により、さまざまな効果が出てきます。効果は、定量化するのは難しい部分もありますが、災害等が発生した場合の

業務停止時間、損失金額などをどの程度軽減できるかで評価します。

　いくつかの対策を立てたら、費用対効果の欄を加えて、マトリックスで評価し、対策を絞ります。もちろん、費用対効果が高い対策を選択するのが望ましいのですが、会社にとっては投資となるため、経営方針や状況、投資金額など総合的な経営判断を踏まえた上で、対策の内容を絞ることになります。

〔**費用対効果の評価の一例（イメージ）**〕

| 対策 | 費用 | 効果 | 評価 |
|------|------|------|------|
| リスクのない土地へ事業所を移転する | 1億円程度 | リスクは回避できる | 実施すると多額の投資となり、経営への影響が大きい |
| 基幹設備・システムを二重化する | 3,000万円程度 | 基幹業務をいち早く復旧できる | 費用対効果で、現実的な対策 |
| 建物、設備、システムに保険をかける | 100万円／年程度 | 損害は補償できる | 損害補償はできるが、業務停止時間が長い |
| リスクを受け入れ、何もしない | 0円 | リスクが発生すると損害が大きい | リスク発生確率、影響度ともに極めて低い場合は考えられる |

# 10 作成してみよう

事業継続計画を作成し、ドキュメント化してみましょう。

## テンプレートの選定・ドキュメント化

「2　テンプレート・ガイドライン」で紹介したとおり、多くのテンプレートが存在しますが、ここでは、コースに分かれ、様式集や記入例も豊富な「中小企業庁「中小企業 BCP 策定運用指針」」を用いて説明します。

「基本」コースでは、以下の構成になっています（下表の左欄）。それぞれ、必要な様式も掲載されているので、それらを埋めて、ドキュメント化していきます。

| 構成項目 | 記述方法 |
| --- | --- |
| 基本方針 | BCP の目的、要点などを簡潔に記述します。 |
| 運用体制 | BCP を策定した際のプロジェクトチームの体制、維持管理の体制、緊急時の発動体制を記述します。 |
| 中核事業と復旧目標 | RTO や BIA 分析で検討した内容を踏まえ、中核事業、重要業務、目標復旧時間、人員や設備などを書いていきます。 |
| 財務診断と事前対策計画 | 対策の作成、絞り込みなどの検討を踏まえ、費用の算定、投資計画などを書きます。 |
| 緊急時における BCP 発動 | 災害が発覚してから、BCP を発動し、復旧活動、復旧に至るまでの全体フロー図、活動チェックリスト、情報連絡、事業資源、地域貢献など、いざという時、参照すべき内容をドキュメント化しておきます。ここは、様式、記述項目も多く、具体的な復旧活動のベースとなります。 |
| 自己診断結果 | BCP 策定・運用状況の自己診断をするものです。様式に沿ってチェックすることで、BCP の完成度や実効性、網羅性などを確認できます。 |

ドキュメント化の際、本章で扱った RTO などの検討が活かされるので、計画の善し悪しは、ドキュメント化の前に、必要な検討をしっかりやったかどうかにかかっていると言えます。

## 書き加えておきたいもの

紹介したテンプレートは、必要最低限の情報が網羅されています。しかし、リスクには一次災害、二次災害、感染症やコンピュータウィルス、テロなど

様々なものがあります。会社の業種によって、準備内容も変わります。社会情勢や自社の特徴を踏まえ、テンプレートにはないリスクを想定して、対策を書き加えておけば、よりオリジナリティのある BCP になります。

> **計画の合意形成**

　計画を作成したら、必ず、社長以下、関係者に内容を照会して、合意形成をしておきます。合意なき計画を発動しても、会社内の連携が回らず、BCP が機能しないためです。

〔BCP の目次と様式の例（中小企業庁「中小企業 BCP 策定運用指針」）〕

| 目次 | 様式 |
|---|---|
| 1. 基本方針 | 様式 03　BCP の策定・運用体制 |
| 2. BCP の運用体制 | 様式 06　中核事業に係る情報<br>様式 07　事業継続に係る各種資源の代替の情報 |
| 3. 中核事業と復旧目標 | 様式 06　中核事業に係る情報<br>様式 07　事業継続に係る各種資源の代替の情報 |
| 4. 財務診断と事前対策計画 | 復旧費用の算定・手元資金<br>様式 09　事前対策のための投資計画 |
| 5. 緊急時における BCP 発動 | |
| （1）発動フロー | 発動フロー<br>活動チェックと実施内容メモ書き |
| （2）避難 | 様式 10　　避難計画シート |
| （3）情報連絡 | 様式 11　　　主要組織の連絡先<br>様式 12-1　従業員連絡先リスト【一覧】<br>様式 12-2　従業員連絡先リスト【個別用】<br>様式 13　　　情報通信手段の情報<br>様式 14　　　電話／FAX 番号シート【自社用】<br>様式 15　　　主要顧客情報 |
| （4）事業資源 | 様式 16-1　中核事業に係るボトルネック資源<br>様式 17-1　中核事業に必要な供給品目情報<br>様式 17-2　主要供給者/業者情報【供給品目別】<br>様式 19　　　災害対応用具チェックリスト |
| （5）地域貢献 | 様式 20　　地域貢献活動 |
| 6. 自己診断結果 | 自己診断チェックリスト |

# 11 計画を活かそう

事業継続計画は、作成したら、それで終わりではありません。計画として機能していくためには、「計画を活かしていく」ことが大切です。

## 維持管理の必要性

今までの説明で、BCPのドキュメント化まではできます。しかし、それだけでは、十分ではありません。あくまで、作成時点で想定したリスクや経営資源などをもとに作成したものなので、時間が経って状況、環境が変化すれば、内容も陳腐化し、実態と合わないものになってしまいます。計画を活かしていくには、計画を維持管理していくことが必要なのです。

## 計画を活かすために必要なこと

計画を活かすためには、「見直し」「運用体制」「計画」「教育・訓練」「定期的分析」などが必要となります（詳細は次章にて説明します）。

自然災害の他にも、感染症、戦争、通信障害など、リスクは多様化しています。また、自社の業務や人員、設備などが変更する場合もあるでしょう。想定リスクを追加する必要が生じたり、自社の業務内容が変更されたら、計画自体を「見直し」ていかなくてはなりません。

BCPの策定時は、プロジェクトチームを作りましたが、プロジェクトチームが解散すると、BCPを見直しするヒトがいなくなってしまいます。そのための「運用体制」が必要になります。BCPは、企業の事業継続や投資も含む大きな影響を持つ計画なので、社長以下、内部統制に基づく、しっかりとした運用体制を作りましょう。

BCPの運用体制を機能させるためには、運用上の「計画」が必要となります。計画を会社組織の中で動かしていくためには、年間の事業計画の中に落とし込んで、対策を実施する責任者、スケジュール、費用計画などを決めておかなくてはなりません。

災害が発生し、いざとなった場合、BCPを参照して、復旧に向けた対策を

実効していくことになりますが、それが社員にとって、初めての体験であれば、なかなかスムーズに動くことは難しいものです。日頃から、「教育・訓練」を行って、BCPの内容を理解し、行動できるようにしておきましょう。定期的に実施することで、社内への定着を図ります。

　訓練を実施してみると、BCPの不十分な部分も見えてきます。スムーズに動けなかったり、有効と思っていた対策が不十分なものだったり。訓練後は、成果確認、反省会を実施して、PDCAサイクルを回しましょう。

　リスクや会社の事業内容、業務は変化するものです。BCP策定時にBIA分析を行いましたが、状況の変化が起こる前提で、BIAなどを「定期的に分析」して、BCPの見直しをしておくことも大切な維持管理業務となります。

〔**BCPを活かすために必要な維持管理**〕

| |
|---|
| ・　見直し |
| ・　運用体制 |
| ・　計画 |
| ・　教育・訓練 |
| ・　定期的分析 |

　ビジネスの IT 化が進んで、今や、IT システムなしには、事業継続が考えられない時代になりました。一方、サイバー攻撃など、IT システムのリスクも大きくなっており、対策を BCP に盛り込む必要があります（IT-BCP）。

　IT システム攻撃のリスクには、ランサムウェア、Web 改ざん、DoS/DDoS攻撃、標的型攻撃などがあります。ランサムウェアは、感染するとデータを勝手に暗号化し、利用できなくして、元に戻すための「身代金」を要求するウイルスです。Web 改ざんは、企業の Web サイトが、攻撃者によって勝手に変更されてしまう攻撃です。DoS/DDoS 攻撃は、Web サイトやサーバーに対して大量の情報を送りつけるものです。標的型攻撃は、機密情報を盗むため、特定の個人や組織を狙って、業務関連のメールを装ったウイルス付きメールを送付するものです。

　IT リスクには、災害リスクとは、違った特徴があります。まず、気づきにくいことです。災害は、直接的な動きが人体等で実感できますが、IT システムは、何らかの攻撃にあっても、目に見えないため、なかなか気付きません。Web やサーバーの動きがおかしいなどの外部通報で初めて重大インシデントを認知するケースも少なくありません。次に、インシデントが発生した際の原因や影響がすぐには分かりません。攻撃内容が不明であることに加え、IT システムは、多くの構成要素から成り立っており、切り分け、確認に時間を要します。システムに精通した SE がいない場合は、さらに多くの時間がかかります。

　IT システムの攻撃リスクを減らすためには、日頃から対策をしておく必要があります。セキュリティ対策ソフトウェアを利用する、IDS（Intrusion Detection System）などのセキュリティシステムを導入する等の対策があります。また、不審なメールを見破るための、送信者・ドメインの確認、メール中の URL は安易にクリックしないなどの日頃の従業員訓練、啓蒙も効果がある対策です。

Chapter **4**

# BCP の
# 維持管理方法

# 1 BCP の維持管理の重要性

　BCP を一度策定したが、そのままで実際の災害・事故やリスクに遭遇した時に使えるかどうか甚だ疑問だという声が多く聞かれます。

　2011 年に東日本大震災が発生して以来、BCP を作成する企業が急速に増えたのは間違いのない事実といえます。しかし、その後、策定していた BCP に基づく対策が十分に機能したかどうかといえば、必ずしもそうではなかったようです。東日本大震災以降に発生した風水害等を見ると、地球環境の変容が進行して大規模化や広域化が顕著となってきています。

　また、新型コロナウイルス感染症による感染症の世界的な蔓延や海外サプライチェーンの途絶による経済的な打撃などにより被災を受けた教訓を踏まえて、ここに来て事業継続の実効性を上げるため BCP の見直しを真剣に考えることの重要性が再認識されてきています。

　見直しが必要となる理由は企業によって様々な事情が考えられますが、そのきっかけはおおむね以下のとおりに整理できます。

## ＞ 災害等に遭遇していざというときに BCP が機能しなかった

　BCP は作ったものの BCP 担当者の異動・交替や BCP に対する教育・訓練が全社的に浸透していなかったため、トップの意思決定の遅れや災害対策本部の設置、安否確認、防災用品の備蓄などの基本ができておらず、サプライチェーンとの連携不足など当初想定していた（あるいは想定していなかった）BCP に沿った対応ができなかった。

## ＞ 新たなリスクの出現により大規模地震中心の BCP では役立たなかった

　東日本大震災を契機として BCP を作成したが、その後の地球環境の変容の進行による台風・豪雨・水害の大型化や頻発化、新型コロナウイルス感染症等の脅威、サイバー攻撃、カントリーリスクの現実化など、新たなリスクへの備えができていなかった。

## ▶ 自社の重要業務に変化が生じていたが BCP はそのままだった

　自社を取り巻く経済環境の変化に伴い、中長期的経営計画の見直しをして、自社にとってコアとなる重要事業や業務が変化しているにも関わらず、一度作った BCP の対象とする事業・業務のリスク分析、ビジネスインパクト分析が見直されることなく重要業務は従前のままとなっていた。

## ▶ 単に防災計画にとどまっており事業継続まで対応できなかった

　BCP の計画が単なる防災計画にとどまっており、被災後の事業継続・復旧を具体的にどう進めるまでの視点が欠けていて、自社の BCP の目標や戦略に沿った具体的な取組みができていなかった。


　以上のように、BCP を作ったものの、いざ災害・事故やリスクに見舞われた時、経営トップをはじめ BCP 担当責任者が何をしたらよいかわからず、BCP は『作っただけの飾り物』ということになりがちです。

　せっかく苦労して策定して BCP が完成したものの、それが機能しなかった、BCP が役に立たなかったということにならないために、この章ではどのようにして BCP の実効性を高め、会社の事業継続に役立つものにするかについて考えていきます。内閣府の事業継続ガイドラインでは、事業継続計画（BCP）に加えて事業継続マネジメント（BCM）に関する取組みも推奨されてきています。今後の会社の事業継続の取組みを進めるにあたって新たな手法についても BCP の改善・見直しに反映していくことが望ましいでしょう。

〔**BCP は完成したものの飾り物では使えない**〕

# 2 事業継続マネジメント（BCM）の取組み

## 事業継続マネジメント（BCM）とは

　BCPの実効性を上げるためには、BCPという計画を作っただけでは十分ではなく、災害・事故やリスクなどの様々な危機的発生事象に直面したとき、顧客や取引先をはじめとする社内外の利害関係者からの重要な事業の継続又は早期復旧要請に応えられなければ飾り物に過ぎないものとなってしまいます。このため、内閣府の事業継続ガイドラインには、**事業継続マネジメント**（BCM：Business Continuity Management）の普及促進が盛り込まれました。

　**BCMは経営レベルの戦略的活動として位置付けられる**もので、BCP策定から維持・更新、災害・事故やリスクに備えた事前対策の実施、BCPの実効性を上げる教育・訓練、定期的な評価点検、継続的な改善、予算・資源の確保に至る平常時からのマネジメント活動を言います。BCMは資金力や人的な余裕のない企業・組織も含め実行していく必要があることから、はじめから完璧なものを目指すのではなく、できる取組みから着実に開始して、その後の継続的な改善によりさらに実効性の上がる事業継続力の向上を目指すやり方が推奨されています。

　BCMでは、①不測の事態において事業を継続する仕組み、②社内のBCP及びBCMに対する意識の浸透、③事業継続の仕組み及び能力を評価・改善する仕組みの3点が特に重要です。あとでも述べるとおり、企業内で組織化し日頃から維持管理PDCAサイクルをベースとしたマネジメント手法の導入が鍵となります。PDCAサイクルを回すとは、BCPを策定した後で次のような取組みを行うことをいいます。

## 定期的な点検・評価と改善

　企業は策定したBCPが、自社で選定した重要業務の目標復旧時間や目標復旧レベルに計画どおりに達成できるかどうか確認する必要があります。また、経営環境の変化に伴って選定した重要業務そのものが現段階でも重要な

のかどうか再確認が必要となります。これにはBCPで計画していた事前対策の進捗状況と密接な関係があり、組織体制の整備状況、災害対策に必要とされる設備状況（非常用電源、防水柵、情報システムなど）、災害用備蓄品の補填状況（非常食、救急医療品、非常用トイレなど）、訓練・演習の実施状況、BCP文書・マニュアル整備状況などの確認が必要となります。最近ではサプライチェーンを形成する企業間での協力関係の構築なども重要な内容になります。緊急時には調達できる経営資源は限られていますので、平常時の点検確認に基づく事前整備が大切です。

　BCM事務局及び各部門メンバーは、不測の事態に備えてBCMの有効性が保持できるように、年間スケジュールを策定して定期的に（年1回以上）点検確認を行うことが必要です。経営者は自社事業に関係する内部環境や外部環境の変化が発生する際には、遅滞なくBCPの改善・見直しを指示することが肝要です。また、実際に災害・事故など（比較的軽微な場合でも）に遭遇した場合もその時の反省を踏まえてBCPの見直しを指示する必要があります。

**〔平常時におけるPDCAサイクルによるマネジメント手法の活用〕**

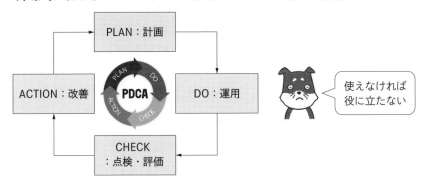

# 3 BCM 運用体制の構築

## ＞ BCP 立案チームから BCM 運用体制へ

　Chapter3 では、事業継続計画（BCP）を策定するための計画立案チームの結成について述べましたが、実際の災害・事故やリスクに遭遇した時にBCP の実効性を上げるためには、日頃から事業継続マネジメント（BCM）を実践できる運用体制を構築しておく必要があります。

　経営者は BCP の作成段階から、その BCP が実際の災害・事故やリスクに遭遇した時に『BCP は飾り物』ではなく計画どおりに機能できるようにBCM 運用体制を視野に入れて全社的な組織づくりをしておく必要があります。すなわち、BCM の責任者及び BCM 事務局メンバーの指名、関連部門全ての責任者・担当者によるプロジェクトチーム等の編成による **BCM 運用体制の構築**です。事前対策及び教育・訓練の実施、継続的な BCP の見直し・改善は必須であり、経営者は BCM 運用体制の構築の重要性を十分に認識しなければなりません。BCP が機能不全に陥ることのないようにするには、「BCM 運用体制構築が前提」であるのは明白です。

## ＞ BCM 運用体制メンバーのミッション

　BCM 運用体制メンバーのミッションは以下の３点が特に重要になります。
　① 不測の事態において事業を継続する仕組みの構築
　② 社内の BCP 及び BCM に関する意識の浸透
　③ 事業継続の仕組み、ならびに能力を評価・改善する仕組みの構築

　このミッションの実現のために、BCM 事務局メンバーは経営者の関与を引き出すとともに、関連する各部門とも連携しながら平常時の活動を計画的に進めていく必要があります。

　具体的には、BCP 目標を踏まえた自社で策定した BCP 維持改善、災害・事故やリスクの発生に備えた事前対策の実施と管理、非常時に備えての教育・訓練の計画と実施、情報連絡系統図の点検、非常用備蓄品の点検、非常

用設備の点検、BCP実効性の評価、BCP関連予算の確保と非常時資金の確保等が挙げられます。こうした平常時の活動は、事業計画に織り込んで関連部門とともに年間スケジュールを立てて着実に実施していく必要があります。

## 緊急対策本部への移行

　実際に地震、津波、風水害等の重大な災害が発生した場合は、BCPに基づき全社における意思決定とコミュニケーションの要となる緊急対策本部を迅速に立ち上げ、緊急対応を実施する必要が出てきます。その場合には、経営者とともにBCM事務局メンバーが中核的な役割を果たし、関連部門のメンバーとともに緊急対策本部に入り、本部チーム（経営者、役員、事務局スタッフ等）、後方支援チーム（施設の復旧、物資調達等）、業務対応チーム（顧客対応、取引先対応、業務継続等）、システム対策チーム（システム復旧・保全、システム継続等）、人事対策チーム（安否確認、要員配置、労務対応等）、広報対応チーム（社外広報、IR、社内広報、行政対応等）などと役割分担や相互協力を行い、初動対応、迅速な意思決定の実施、事業継続対策の実施を的確に実行する組織に移行する必要があります。

〔BCP立案チーム・BCM運用体制・緊急対策本部への移行〕

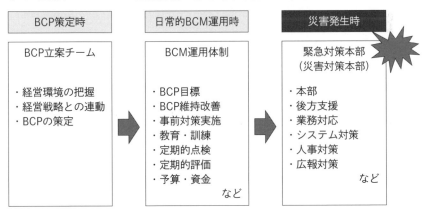

# 4 BCP 訓練・演習体系の構築

## 〉 BCP 訓練・演習の重要性

　BCP は大規模地震・津波や風水害等の様々な災害・事故やリスクを想定し会社の事業継続を果たすために策定しますが、BCP は「作成することがゴール」ではありません。いざ実際の災害などが発生した場合に BCP を実行するのは「人」です。その「人」が BCP の存在を知らなかったり、他人事として捉えて災害の渦中における自分の役割を理解していなければ、その実効性を上げることは難しくなります。BCP は「人」のリーダーシップ力と現場力に依存しています。したがって、いざというときに BCP を使えるように仕上げていくには、日頃からの訓練や演習を通じて BCP の実効性の検証を行い、改善点を抽出していく PDCA サイクルを回していくことが重要になります。

　BCP の訓練・演習体系を構築して、これで体制は完璧だというレベルまでにもっていくのには、相応の時間とコストが必要となります。『**災害は忘れた頃にやってくる**』といわれますが、まだ十分に防災・減災・復旧体制が整っていない場合でも災害はある日突然やってくる可能性があります。これでは練習せず「**ぶっつけ本番**」で試合に出場するようなもので、最初から負け試合をするようなものといえるでしょう。平常時からの BCP 訓練・演習は重要であり、地道に継続的な訓練・演習を行うことが肝となります。

## 〉 訓練と演習の違いを理解しておく

　訓練と演習は似ていますが、**訓練（Drill）** はすでに策定済の BCP マニュアルなどによって、いざといった時の行動や役割を反復練習することであり、その動き方を体で覚えさせることを目的としています。安否確認訓練や情報伝達訓練などがこれに該当します。一方、**演習（Exercise）** は模擬の災害・事故やリスクなど、例えば大規模地震発生などのシナリオに基づいて模擬の実践を想定して行います。いわば練習試合といえますが、これには机上演習、

意思決定演習などがあります。

## 訓練・演習実施の留意ポイント

訓練・演習には主に次のような目的があります。

① 訓練・演習を通じて経営者、役員、BCM 事務局メンバー、関連部門メンバー、従業員に頭と体で BCP を覚えてもらうこと。

② BCP がいざという時に本当に機能するか、ムリ・ムダ・モレがないかを確認する。訓練・演習後に不具合な部分について改善・見直しに反映する。

また、訓練・演習を実施するにあたっては次のような点に留意します。

① 訓練・演習は毎年、訓練計画・演習計画を策定して必ず実施する。

② シナリオは毎回変えて、効果の出やすい訓練・演習を優先して実施する。毎年同じ内容ではマンネリ化となりますので、年々、実効性が上がっていく内容に切り替えていく必要があります。

③ リアリティのある内容で実施する。自社の事業や地域特性とかけ離れた内容では、参加者も身が入りません。ある程度、現実感のある内容で行います。

④ あれもこれもではなくシンプルに実施する。

BCP の訓練・演習で習熟していくには相応の時間とコストがかかります。ステップ・バイ・ステップで着実に進めていきます。

〔BCP の訓練・演習と災害発生時の PDCA サイクル〕

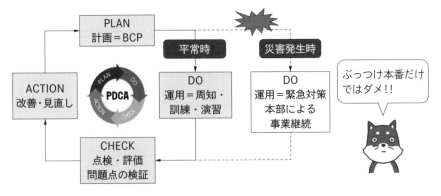

# 5 BCP 訓練・演習を実施する

## 訓練・演習のプロセス

訓練・演習の実施プロセスも PDCA サイクルの①計画➡②実施➡③評価➡④改善のプロセスにそって実施することが望ましいでしょう。訓練・演習を行うだけではなく、実施結果を評価し、BCP の改善・見直しにフィードバックさせることが大切です。

### ① 計画

訓練・演習の目的、狙いを明確にし、訓練・演習方法、対象者、スケジュール、費用等を決定します。計画策定にあたっては、各年度の BCP・BCM を事業計画と連動させステップ・バイ・ステップの成果向上を目指します。

### ② 実施

具体的に訓練・演習を実施の段階では、訓練・演習の目的に合致した成果の最大化が図れるように、事務局は入念な準備作業を行って臨む必要があります。目的に応じて、集合研修、講義形式、e ラーニング、外部講師の活用などのバリエーションがあります。訓練・演習後に気づきや今後の課題をアンケートや振り返りのデスカッションで共有することも大切です。

### ③ 評価

事務局は、評価シートやアンケートシートにより受講者からの評価結果や意見、講師の講評結果などを収集・取りまとめて、次の訓練・演習に反映するとともに、BCP の改善・見直しに活用します。

### ④ 改善

訓練・演習の終了後、事務局は得られた訓練・演習の成果の測定を行うとともに、改善すべき課題を抽出し、今後の訓練・演習計画及び BCP の内容の改善・見直しのための貴重な情報として活用を図ります。採用する改善事項については、関連部門にも情報共有し、迅速に改善・見直しを推

進していく必要があります。このプロセスが抜けてしまうと、ステップ・バイ・ステップの BCP のさらなる成果向上につながらなくなります。

## 〉 具体的な訓練・演習の実施

具体的な BCP 訓練・演習は下表に示すように様々なプログラムがあります。これらの訓練・演習を短期間で一気に実行することは不可能であり、現実的ではありません。自社の BCP 年度計画及び中長期計画を踏まえて、発生確率の高い災害・事故やリスク（自然災害、感染症、サイバー攻撃等）を想定して、自社の弱みと考えられる課題を解決するなど最も実効性の高いと考えられる訓練・演習を選択して計画するようにします。そのうえで、PDCAサイクルを回して継続的に取り組んでいくことが肝要となります。

〔BCP に関する訓練・演習プログラムの例示〕

| 区分 | プログラム名 | 対象者 | 主な内容 |
|---|---|---|---|
| 訓練 | 1.避難訓練 | 全従業員 | 想定災害に基づいて建物からの避難誘導、けが人搬送等 |
| | 2.安否確認訓練 | 全従業員 | 安否確認ツール等利用により従業員家族の安否を確認と報告 |
| | 3.防火・通報訓練 | 従業員（選抜交替） | 消防署等との連携により消火器利用方法や通報手段を習得 |
| | 4.応急救護訓練 | 従業員（選抜交替） | 緊急時の救護・救助・救命手段を習得 |
| | 5.システム切替訓練 | 関連部門メンバー | 重要システムの切替を体験 |
| | 6.データバックアップ訓練 | 関連部門メンバー | データバックアップ・復旧手順の確認 |
| | 7.手順書確認訓練 | 関連部門メンバー | 重要な業務の手順書を確認 |
| | 8.情報収集・伝達訓練 | 経営者・対策本部要員 | 災害時の重要な情報収集手段及び伝達手段を確認 |
| | 9.対策本部立ち上げ | 経営者・対策本部要員 | 対策本部への駆付け又はオンラインにより対策本部の設営立ち上げ |
| 演習 | 10.ワークショップ机上演習 | 経営者・対策本部要員・各部門要員 | 参加者間の議論により、あるべき行動の判断や解決すべき課題を検討 |
| | 11.ロールプレイング机上演習 | 経営者・対策本部要員・各部門要員 | 有事の際のマニュアルにある各自の役割になりきって、自分の行動を体験 |
| | 12.指揮・意思決定演習 | 経営者・対策本部要員・各部門要員 | 発生確率の高いリアルな場面を選定して不測の事態での経営者等の迅速な意思決定力を向上 |
| | 13.サプライチェーン連携演習 | 経営者・対策本部要員・各部門要員、グループ会社、仕入先、委託先 | サプライチェーンの関係者が連携して、サプライチェーンの事業継続の協力関係を確認 |

# 6 BCP の実効性を上げるためのポイント 〜飾り物でない BCP、そして BCM へ

本章テーマは「BCP の実効性を上げる」ということでしたので、章の終わりのまとめとして、そのための「ポイント」を以下に述べておきます。

## ＞ 経営者の熱意と関与

経営者であれば、会社が将来にわたって事業継続していくとの前提で考えて会社の経営に携わっているわけですので、『事業継続』は経営者のミッションとして最上位に位置付けられるものです。経営者が他社もやっているからとか、発注者にいわれたからというような受け身の姿勢では BCP はまさに**『飾り物にすぎない』**ことになってしまいます。経営者の熱意と気迫で関与していくことが BCP・BCM の活動を成功させる最大のポイントといえます。

## ＞ 事務局の行動力・調整力

経営者の強い意向を受けて BCP を推進する立場を担うのが、BCP・BCM 事務局です。事務局の推進力なくしては、BCP を目的に沿って進めることはできません。事務局は多数の部門や組織との調整役となって BCP・BCM を回していく必要があり、俊敏な行動力が求められます。したがって、事務局には社内に影響力を与える部課長クラスの人材を指名し、使命感を持ち、全社の司令塔として継続的にその役割を果たしていくことが肝要といえます。

## ＞ 現場の巻き込みと協力体制

いざ災害・事故やリスクが発生した時には現場の各部門がそれぞれの役割をきちんと果たさなければ実際には BCP は機能しません。そのためには、年間の活動スケジュールを明確にして定期的に委員会・検討会などを開催して全社的な取組みとしてその方向性を共有することが大切です。現場の各部門の人たちが自社を守るという意識を持ち、現場が積極的に BCP 活動に参加する前向きな意識や企業風土の醸成を図ることが成功の秘訣といえます。

## ＞ ステークホルダーとの連携

会社を取り巻くステークホルダーと日頃から災害などの発生に備えて関係

性を良好にしておくことが大切です。被災時の活動にあたっては、社会の一員としての活動を行政等と連携して取り組んでいく必要があります。最近ではサプライチェーンの寸断により事業継続に大きな影響を与えるケースが増えてきています。日頃からサプライチェーンを構成する企業と不測の事態に備えた対応策について検討しておくことが求められています。

## 経営戦略の一環で実施する

「BCP は金食い虫、余計な仕事」などの声を聞くことがありますが、会社にとって事業を継続するということがいかに重要かということが腹に落ちていない結果からの発言と思われます。このため、BCP・BCM は事業継続戦略として自社の経営戦略の一環であることを全社的に共有しておくことが大切です。中長期計画、年度事業計画の中にそのための投資や経費をキチンと盛り込んで継続的に進めることがポイントになります。

## PDCA を回し続ける

最後に、もっとも基本的なことで何度も言ってきましたが、BCP の計画を策定しただけで、PDCA（計画➡実施➡評価➡改善）を回さなければ『BCP は飾り物』になってしまいます。この基本を全社一丸となって認識・共有することで、会社の将来にわたった事業継続が達成され、会社を発展させることができるといえるでしょう。

〔BCP の実効性を上げるためのポイント〕

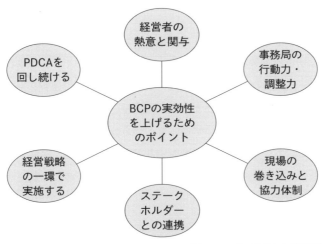

　企業リスクとしての災害やテロ、事件・事故、社内不祥事などのトラブルが発生した時、それによる被害やトラブルを最小限に抑える必要がありますが、それには「危機管理広報」が重要となります。

　「広報」はもともと「パブリック・リレーションズ（大衆広報）」として、"パブリック＝大衆"との良好な関係づくりを主目的に進められてきましたが、経済のグローバル化や企業活動の多様化に伴い、企業の対象が"大衆"にとどまらず、マーケティング広報、地域広報、公共広報、投資家向け広報、環境広報、社内広報など、「大衆広報」から「経営戦略広報」へと取り扱う対象範囲が拡大しかつ業務内容も多様化してきています。

　企業にとって広報は良いイメージを育て、良いブランドを築き、善い評判を高める重要な役割が期待されています。一方、広報のもう１つの重要性が増している顔としての「危機管理広報」は、企業にとって負の要素である企業の評価低下や信頼を失墜させる

〔経営戦略としての危機管理広報〕

恐れのある非常事態への取組みが主戦場となります。

　危機的な状況は突然おもいがけず発生することが殆どです。こうした事態に陥った時は、広報担当だけではなく経営者や関連部門との連係プレイが必須です。あらゆる企業リスクの発生が危機管理広報の対象となり、内部告発や消費者、株主をはじめとするステークホルダーからのクレームや告発、事件、事故への対応などにおけるメディアへの対応などを迅速・的確に鎮静化させるためのキーマンとしての立ち振る舞いが危機管理広報の担当者には期待されます。

Chapter 5

# BCP のための
# 基礎知識

# これまでの BCP の変遷と現状

## ＞ 国内における BCP は 2000 年代から始まった

BCP は用語として定着する前から、社会課題として様々な場面で認識されていました。例えば 2000 年以前、欧米の金融機関では、情報システムトラブルへの対応策が検討され、それらがコンティンジェンシープラン（不測の事態への対応計画）として次第に定着してきた経緯があります。

その後、2001 年にアメリカ同時多発テロが発生し、関係企業が混乱に陥り、事業継続に困難が生じたことをきっかけに、世界中の企業が BCP の重要性を認識することになりました。こうした大きな事件・事故への教訓として BCP が体系化され、より一般的に認知されるようになりました。

国内では 2005 年に内閣府が事業継続ガイドラインを公表し、政府機関を中心に BCP に関するガイドラインが検討されるようになりましたが、民間企業では活用が進まない状況でした。

## ＞ 東日本大震災をきっかけに

2007 年の内閣府の調査では BCP 策定済の大企業は 18.9 ％、中堅企業では 12.4 ％と非常に低い数字となっています。

こうした状況が変わる大きなきっかけとなったのが 2011 年 3 月に発生した東日本大震災です。記憶されている方も多いと思いますが、東京都内ではほぼ全ての公共交通機関がストップし、通信環境も遮断され携帯電話が使用できない状況が続きました。帰宅難民が大量発生し、帰宅できずオフィスに泊まり込んだ方も多くいました。事業復旧までに長期間要した企業が発生し、被災地企業を中心に多くの中小企業が廃業しました。このような危機を経験し、国内企業の多くが BCP の重要性を改めて認識することになりました。

また、通信環境が機能不全となり避難誘導ができなかった、安否情報の確認ができなかった等、人命に関わる影響が生じました。このことから政府は情報通信環境の備え（ICT-BCP）への対応を強化することになりました。な

お、ICT-BCP は災害発生時だけでなく、サイバー攻撃へのリスクへの備え
についても言及されていることが特徴です。

## 企業における BCP の現状

さて、現在では企業における BCP の策定率はどの程度まで高まっている
のでしょうか？　内閣府における同様の調査結果は、2021 年において大企
業では 70.8 ％、中堅企業では 40.2 ％となりました。

政府や自治体は BCP の策定を推進していますが、実は殆どの業種に対し
て策定を義務付ける法律・条例はなく、努力義務に留まっています。そのこ
とが策定率の伸び悩みにつながっているのかもしれません。なお、例外とし
て介護業は、2024 年から BCP 策定が義務化される予定です。

現在、政府や自治体は BCP を策定した企業に対し、支援策等の様々なメ
リットを提供することで策定を推進しています。

本章では、こうした BCP に関する国や自治体の制度・メリットを紹介す
ると共に、ISO や労務管理に関する制度も取り上げます。ぜひ利用できる制
度は積極的に活用し、BCP の策定に役立ててください。

〔これまでの BCP の主な変遷〕

| 年次 | 主な出来事 |
|---|---|
| 2005 年 | 事業継続ガイドライン第一版　発行（内閣府） |
| 2006 年 | 中小企業 BCP 策定運用指針　公表（中小企業庁） |
| 2007 年 | IT サービス継続ガイドライン　発行（経済産業省） |
| 2008 年 | 地方公共団体における ICT 部門の業務継続計画（BCP）策定に関するガイドライン　公表（総務省） |
| 2009 年 | 事業継続ガイドライン第二版　発行（内閣府） |
| 2013 年 | JIS Q 22301（事業継続マネジメントシステム）　制定（日本産業規格） |
| 2013 年 | 東京都帰宅困難者対策条例　施行（東京都） |
| 2019 年 | 中小企業強靱化法　制定（中小企業庁） |

## ② 災害時の安全配慮義務

### 〉 企業に求められる安全配慮義務とは？

　安全配慮義務という言葉はご存じでしょうか？　あまり聞きなれない言葉ですが、事業者は労働安全衛生法に基づき、労働災害の危険防止措置を行うことが求められています。仮に業務上何らかのリスクがあるにも関わらず、従業員に対して何の措置を行わずに労働災害が発生した場合、事業者は安全配慮義務を果たさなかったとして、賠償責任を負う場合もあります。これは通常時はもちろん、災害時にも適用されるケースがあります。

　つまり災害時、従業員に対し、事故や二次災害が発生しないよう、予め様々なリスクを想定し、十分な事前対策を行うことが事業者には求められていると考えてよいでしょう。

### 〉 BCP を策定し、安全配慮義務を果たす

　BCP を策定する目的は事業継続を迅速に達成し、企業やステークホルダーを経済的に守るという観点を重視しがちですが、従業員の安全配慮義務を果たすことも重要な目的の１つです。

　BCP の観点では、例えば地震が発生し津波避難の警報・注意報が発出された際、事業所等の安全管理や関係者の避難誘導等を行うことになりますが、警報レベルが一定の水準を超えると従業員の一斉避難を求める必要があります。また、新型コロナウイルス感染症といった感染症の蔓延時、職場内での十分な感染対策の実施や従業員の業務負荷を適切にコントロールすることが必要です。このように BCP を策定することで、従業員の安全配慮、健康的に業務を遂行できる環境整備を実現することができます。

### 〉 従業員の安全配慮が第一に

　当たり前のことですが、BCP を実行する中心的役割を担うのは従業員です。災害時に従業員がしっかりと役割を果たせるような状況があって初めて、企業の事業継続が可能となるのです。モノや財産ではなく従業員を第一に考え

ることが、適切な BCP の運用・事業継続につながり、結果的に従業員に対する安全配慮義務を果たすことになるのです。

　災害時に企業が行うべき、従業員に対するフォロー体制の一例を下表にまとめました。災害時に従業員が安全に活動できるよう、BCP を策定する際に、これらの視点を盛り込んでみてください。また、事業内容により下記内容に追加すべき点、強化すべき点があると思いますので、従業員の声を聞き、その企業に合った備えを検討してみてください。

〔**従業員に対するフォロー体制の一例**〕

| 従業員に対する備え | 狙い |
|---|---|
| 食料品の社内備蓄<br>（飲料水、食料品） | ・災害時、帰宅困難な従業員を、安全な場所に留まらせるため<br>・物資が不足する中での災害対応実施のため |
| 防災用品の社内備蓄（保護具、救急用品、照明、携帯トイレ、寝袋、衛生用品） | ・帰宅困難な従業員の待機のため<br>・災害対応業務にあたる従業員の健康管理・衛生管理のため |
| 仮眠室の確保 | ・帰宅困難な従業員の待機のため<br>・災害対応業務にあたる従業員の健康管理のため |
| 非常用電源設備の導入 | ・停電時対応のため |
| 情報連絡体制の構築 | ・出張中や出先に駐在する従業員に、災害情報、社内の状況を確実に伝えるため |
| 安否確認システム | ・全従業員の円滑な安否確認、災害用伝言ダイヤル（171）等、予め社内で対応を決めておく |
| 出勤のシフト制導入 | ・感染症蔓延時など、感染症対策のために出勤抑制を実施する。業務の円滑な遂行と、特定の従業員に負荷がかからないよう、シフト制を導入する。 |

## 3 中小企業強靱化法とは

### ＞ 中小企業の防災・減災対策を強化

中小企業強靱化法は 2019 年に施行されました。この法律は政府が中小企業の BCP を認定、財政的な支援措置を行うことによって、BCP 策定の後押しを目的とするものです。

前述のとおり、中小企業の BCP 策定率は低く、大規模な自然災害や感染症が起きた際、企業によっては甚大な被害を受け、サプライチェーンの断絶、事業の縮小、資金繰りの悪化などを経て、場合によっては倒産まで追い込まれてしまうケースもあります。こうした事態を少しでも避けるために、政府は中小企業に対し、防災・減災対策を推奨しています。

### ＞ BCP 策定企業に対する様々なメリット

中小企業が BCP（事業継続力強化計画）を策定し、政府から認定を受けることで以下のような優遇措置を受けることができます。

① **防災・減災に関する税制優遇**

防災設備の導入に対し、20 ％の特別償却が認められています。具体的には 100 万円以上の機械装置（自家発電装置、排水・揚水ポンプ等）、30 万円以上の器具備品（免振ラック等）、60 万円以上の建物付属設備（防火シャッター等）が該当します。

② **金融支援**

必要な設備導入資金について、日本政策金融公庫の低利融資を受けることができます。

③ **補助金採択の優遇**

中小企業庁が所管する補助金（ものづくり補助金等）について、審査の際に優遇措置（加点）があります。

④ **事業継続力強化のノウハウ提供等**

「BCP 策定に向けたワークショップの開催」「専門家によるハンズオン

支援」「商工会・商工会議所による小規模事業者の事業継続力強化の支援」といった支援策を利用できます。

　地元の商工会・商工会議所や市町村などが、BCPのノウハウ提供、ワークショップの開催、専門家派遣などを行い、適切なBCPの運用を支援してくれます。また、費用については政府が負担し、無料で利用することができます。商工会や商工会議所は、中小企業や個人事業主にとっても身近な存在で、アクセスがし易い支援機関です。こうした機会にぜひ関係性を持つことをお勧めします。

　なお、中小企業が計画を策定し、認定を受けるまでの流れは以下のようになります。

**〔計画策定から認定までの流れ〕**

【計画認定スキーム】　　【商工会・商工会議所の取組みを促進する新たな認定スキーム】

| 経済産業大臣 | 都道府県知事 |
| --- | --- |

②申請　③認定　　②申請　③認定

| ①計画策定<br>中小企業・小規模事業者<br>▼<br>取り巻く関係者による<br>防災・減災対策の支援 | ①計画策定<br>商工会・商工会議所/<br>市町村（共同策定） |
| --- | --- |

【計画に盛り込む内容】
ⅰ）管内の事業者への災害対策の普及啓発や実施支援
ⅱ）災害発生時の対応（被害情報の収集等）
ⅲ）商工会・商工会議所のBCP策定

⑤支援　④手続　　④支援

| 支援措置 | 管内の事業者 |
| --- | --- |

# 4 事業継続力強化計画・認定制度

## ❯ 事業継続力強化計画を策定しよう

　事業継続力強化計画は、中小企業が策定した防災・減災の事前対策に関する計画を経済産業大臣が認定する制度です。認定により❸で挙げたような優遇措置を受けることができます。

　これまでに多くの中小企業が計画を策定、認定を受けています。中小企業庁によると制度開始後の2019年8月〜2023年5月までに全国で54,782件もの企業を認定しています。また、業種別では7割程度が製造業で、自動車部品製造業、建設業、食料品製造業が特に多いようです。

　計画を全て自分で作成しなければと考えると対応が難しく感じますが、作成には中小企業庁が詳しい手引きを示しており、これを利用することでスムーズに作成することができます。

## ❯ 策定の手引き

　中小企業庁のWebサイトから手引きをダウンロードできます（https://www.chusho.meti.go.jp/keiei/antei/bousai/keizokuryoku.htm#tebiki）。又は、「中小企業庁 事業継続力強化計画」等で検索し、中小企業庁のWebサイトをご覧ください。

## ❯ 計画書の作り方・注意点

　手引きにある記載例を参考に、企業の実態に合わせて内容を検討します。手引きには注釈が多く記載されています。これは認定側がチェックするポイントであることに注意しておきましょう。これらのポイントを計画にきちんと反映させることで、重要な論点が織り込まれた計画を作成できます。

　また、計画書の作成にあたり、中小企業庁ほか各種行政機関が関連情報を発信、シンポジウムやセミナーを開催していますので、活用を検討してみてください。❽で述べる専門家派遣制度も利用できるケースもあります。

　計画書を作成後、申請を行います。申請は電子申請で行う必要があります。申請にはGビズIDのアカウントが必要で、これは事前取得が必要です。申請から取得まで2週間程度かかりますのでご注意ください。

　GビズIDは法人・個人事業主向け共通認証システムで、取得すると1つのID・パスワードで各種行政サービスにログインできます。中小企業庁所管の補助金申請等にも利用できます。なお、アカウントは最初に1つ取得するだけで、有効期限、年度更新の必要はありません。

　具体的なIDの取得方法などの詳細は下記Webサイトを参照してください（https://gbiz-id.go.jp/top/index.html）。

**〔事業継続力強化計画、作成から認定までのステップ〕**

| 手引きの参照・制度の利用検討 | 計画の策定 | 計画の申請・認定 | 計画の開始取組みの実行 |
|---|---|---|---|
| 手引きを参照し、金融支援や税制優遇を受ける条件等を確認します。 | 手引きを参照し、必要に応じてセミナーや専門家派遣制度を利用し、計画を策定、社内で合意形成を図ります。 | GビズIDの申請、取得後、事業継続力強化計画電子申請システムから申請、その後認定を受ける（認定までおよそ45日程度かかります）。 | |

# 5 BCP 策定に役立つ Web サイト

　本項では、これまで紹介したものの他に BCP 策定に役立つ Web サイトを紹介します。政府・自治体の Web サイトが中心となりますが、ぜひ活用して BCP の策定にお役立てください。

## ＞ 事業継続力強化計画をつくろう！

　独立行政法人中小企業基盤整備機構（通称：中小機構）が運営する Web サイトです。

　本サイトは❹で挙げた事業継続力強化計画を策定するために役立つ様々な情報を掲載しています。さらに、BCP に関するオンラインセミナーやシンポジウムなども開催されています。

　中でも役立つのが、豊富に紹介されている取組事例です。BCP の中身は業種毎に大きく異なりますので、同業種の取組事例を参照することで、自分の企業にも活用できる対策などが見つかります。多くの事例を参照し、優れた取組みはぜひ BCP の計画に取り入れてみてください。

　また、中小機構は無料相談窓口を各地域に設けていますので、BCP 策定を進める上で疑問に感じたことなどを気軽に相談することができます。

## ＞ 内閣府　防災情報のページ

　内閣府 Web サイト内の防災情報が掲載されています。

　本サイトは政府が推進する防災政策が幅広く掲載されています。他にも災害情報、防災関連の法律、政府の計画、お役立ち情報といった広報など幅広く情報が網羅されています。

　企業の BCP を作成する際に必要となる災害情報、気象情報、法令等、必要な情報も本サイトからまずは調べてみるとよいでしょう。本サイトで情報が見つからない場合、省庁別、自治体別、業種別など、情報を絞り込んで検索してみてください。

## ▶ 情報処理推進機構（IPA）情報セキュリティ事業継続計画のページ

情報処理推進機構Webサイト内に情報セキュリティに関するBCP情報が掲載されています。

本サイトはIT分野、特に情報セキュリティにおけるBCPの考え方が詳しく掲載されています。やや専門的な内容になりますが、昨今の個人情報の流出事故の多発を鑑みると、このようなインシデントに対する備えと体制の整備はぜひ対応しておきたいところです。情報セキュリティの観点についてもBCPに加えることを検討してみてください。

## ▶ その他の役立つWebサイト

紹介した3つのWebサイト以外にも、自治体、商工会議所、企業等、BCP策定に役立つWebサイトは多く存在します。

紙幅の都合上、こちらで紹介することはできませんが、地域毎、分野毎に検索することで、有用な情報を得ることができますので、様々なWebサイトを閲覧してみてください。

また、BCPや防災を専門領域としているコンサルティング会社もあり、企業Webサイト上で様々な情報を発信しています。こちらも非常にためになりますので、ぜひ検索してみてください。


〔**BCP策定に役立つWebサイト、URL**〕

| サイト名 | URL |
|---|---|
| 事業継続力強化計画をつくろう！ | https://kyoujinnka.smrj.go.jp/ |
| 内閣府　防災情報のページ | https://www.bousai.go.jp/index.html |
| 情報セキュリティ事業継続計画のページ | https://www.ipa.go.jp/security/manager/protect/bcp/ |

# 6 政府の BCP 関連ガイドライン

## ▶ BCP 関連ガイドラインと制度の紹介

　これまでは中小企業庁の関連法を中心に解説してきましたが、他の法律や省庁における BCP・ガイドラインで代表的なものを紹介します。基本的には業界・業種に応じて、各省庁が BCP・ガイドラインを示し、作成を推進しています。業種により、省庁だけではなく独立行政法人、各種経済団体もガイドラインを作成している場合がありますので Chapter8 の事例を参照してください。

　特に感染症対策については、新型コロナウイルス感染症が全国的に蔓延して以来、政府がコロナ禍における事業継続に向けた取組みを強化しています。具体的には経済団体に対して取組強化の要請を行っており、様々な機関でガイドラインが発出されるなど、以前にも増して BCP の重要性が高まっている現状が窺えます。

## ▶ 介護施設・事業所における BCP（厚生労働省）

　厚生労働省では、全ての介護サービス事業所・施設は 2024 年 3 月 31 日までに「災害」及び「感染症」に関する事業継続計画（BCP）を策定することを求めています。ポイントは自然災害に加え、新型コロナウイルス感染症に関しても言及している点です。

　令和 3 年度介護報酬改定時に定められたもので、3 年間の経過措置が設けられていますが、その期限が 2024 年 3 月末に迫っています。

　厚生労働省が作成した介護施設・事業所における業務継続ガイドラインがありますので、これらの様式に基づき作成することになります。

## ▶ 食品産業事業者等の BCP（農林水産省）

　農林水産省では、大規模な災害等の緊急事態が発生した場合においても、食料を安定的に供給するために、食品産業事業者の BCP 策定を推進しています。これは特に義務化されているものではありません。

農林水産省の Web サイトに計画策定の手引書が掲載されていますので、必要に応じて利用してみてください。

## ＞ 建設会社における災害時の事業継続力認定（関東地方整備局）

国土交通省関東地方整備局では、災害時の事業継続力がある建設会社を認定する制度を設けています。適合した建設会社に対し、認定証を発行、公表することで、建設会社における事業継続計画の策定を促進し、関東地方整備局の災害対応業務の円滑な実施と地域防災力の向上を目的としています。

### 〔介護施設・事業所における業務継続ガイドライン等の概要〕

【特徴】

新型コロナウイルス感染症編と自然災害編に分かれ、さらに入所系、通所系、訪問系とサービス形態によってガイドラインが異なっている。

【介護サービス事業者に求められる役割】

サービスの継続、利用者の安全確保、職員の安全確保、地域への貢献

**新型コロナウイルス感染症編**

BCP 作成のポイント

① 施設・事業所内を含めた関係者との情報共有と役割分担、判断ができる体制の構築
② 感染（疑い）者が発生した場合の対応
③ 職員確保
④ 業務の優先順位の整理

**自然災害編**

BCP 作成のポイント

① 正確な情報集約と判断ができる体制を構築
② 自然災害対策を「事前の対策」と「被災時の対策」に分けて、同時にその対策を準備
③ 業務の優先順位の整理
④ 計画を実行できるよう普段からの周知・研修・訓練

# 7 BCP に係る条例、自治体の取組み

## 東京都帰宅困難者対策条例

本項では主に自治体が制定している BCP に関する条例や施策を紹介します。東京都では東日本大震災を受けて、2012 年 3 月に東京都帰宅困難者対策条例を制定しました（2013 年 4 月施行）。

3.11 当時、都内では鉄道等の運行停止により、多くの帰宅困難者が発生し、駅周辺や道路が大変混雑しました。このように鉄道等の公共交通機関の復旧の見通しがない中で多くの人が帰宅しようとすると、火災や建物倒壊等で自らが危険にさらされるだけでなく、救助・救援活動等に支障が生じる可能性があります。そのため、東京都では本条例で「一斉帰宅抑制の推進」「安否確認の周知」「一時滞在施設の確保」「帰宅支援」を柱とする各種対策の実施について、企業に対し努力義務を定めています。

## 自治体が定める BCP

企業に対して BCP の策定を義務付ける条例は存在しませんが、自治体における BCP は多くの自治体で作成されています。都道府県、市町村における BCP 策定状況は、総務省消防庁の調査によると策定率は現在 9 割を超えています。

自治体の BCP には避難場所、物資の提供情報等、企業の BCP を計画する際に活用できる有益な情報が盛り込まれています。ぜひ、地元の自治体のBCP を確認してみてください。

## 自治体における BCP 関連補助金（2023 年 7 月現在）

各自治体では企業の BCP 策定を推進するために様々な施策を実施しています。ここでは一例を挙げていますが、皆さんが居住する自治体でも BCP 関連の支援策が実施されているかもしれません。ぜひ、自治体の Web サイト等をチェックしてみてください。

一例として、東京都中小企業振興公社では、令和 5 年度 BCP 実践促進助

成金の募集を行っています。BCP を実践するために必要となる、基本的な物品・設備等の導入に要する経費の一部を助成しています。例えば、自家発電装置、安否確認システム、備蓄品、基幹システムのクラウド化などが対象経費となっています。助成率は中小事業者等 2 分の 1、小規模企業者 3 分の 2 以内、助成限度額は 1,500 万円です。東京都以外にも BCP、防災事業に対しての補助金は全国の県、市町村が様々なメニューの制度を設けています。事業所における備蓄物資購入の費用助成、事業所建屋の不燃化・耐震化対策の助成、企業が組織する自主防災組織が行う防災訓練や防災資機材の購入に対する助成などがあります。

　自治体が実施する支援策は、単年度かつ年度途中で終了してしまうものもあり、支援策を活用できるかはタイミングと情報収集が重要です。仮に新規事業として支援策を行う際は、チラシの配布、商工会議所等からの案内、自治体の広報誌掲載等、広報されることがありますので情報を適宜チェックしてみてください。

**〔各自治体の BCP 策定支援策〕**

| 自治体名（実施機関） | 支援策の概要 |
|---|---|
| 東京都<br>（東京都中小企業振興公社） | 【BCP 実践促進助成金】<br>　BCP の実践に必要な物品・設備等（自家発電装置、安否確認システム、感染症対策の物品、備蓄品等）の導入費用の一部を助成（助成率：中小企業 2 分の 1、小規模企業者 3 分の 2 以内、助成限度額：1,500 万円（下限額 10 万円）） |
| 鳥取県 | 【中小企業リスク対策強化補助金】<br>　BCP の実効性向上や災害対策の強化を行っていく上で必要となる防災措置を講じる事業（一般対策型：補助上限額 50 万円（下限額 30 万円）、補助率 2 分の 1） |
| 尼崎市 | 【中小企業 BCP 策定支援補助金：BCP（事業継続計画）策定に要する費用を補助】<br>（補助上限額：50 万円、補助率：3 分の 2） |

# 8 BCP 策定のための専門家派遣制度

## ＞ 専門家を自社へ派遣してもらう

　国や自治体には BCP の専門家派遣制度というものがあります。これは BCP の策定・運用を検討している中小企業・小規模事業者に対し、無料（派遣回数に制約がつくケースもありますが）で専門家を派遣する制度で、企業の各現場やその環境に見合ったアドバイスをもらえるという利点があります。立地、執務エリア、生産現場、サプライチェーン等企業が置かれる状況は様々ですので、実際に専門家に確認してもらい、企業に合ったアドバイスを受けられることは大変有益でしょう。BCP 策定に第三者の専門家に関与してもらうことで、自社だけでは気づかなかった課題が見つかるでしょう。

## ＞ 専門家派遣の注意点

　公的機関が実施している専門家派遣は、企業が作成した BCP 案に対し有益なアドバイスを行うことが主な業務です。BCP の作成全てを依頼できるものではありませんので、注意してください。

　専門家よりも、企業の中身を熟知しているのは従業員です。民間コンサルティング会社などでは BCP の策定を全てお任せできるサービスもありますが、やはり経営者や従業員が作成に深く関わることで実用的な BCP を策定することができます。丸投げすることなく主体的に関与することが重要です。

## ＞ ミラサポ plus、中小企業 119

　中小企業庁が運営するミラサポ plus や中小企業 119 という中小企業向け支援サイトがあります。中小企業の経営に係る相談ごと全般に対応しています。BCP 関連の専門家派遣制度や各種補助金制度について詳しく紹介しているものです。本サイトを駆使することで有効な対策が作れるでしょう。

## ＞ 自治体が実施する専門家派遣

　中小企業庁が実施する制度のほかにも、自治体が専門家派遣を実施しているところもあります。お住いの自治体で専門家派遣事業が行われているか、

Web サイト等で確認してみましょう。

　制度によっては策定後のフォローアップまで対応している場合もあります。BCP 計画の再検討、さらに訓練の実施環境を現場視察する等、実効性のある BCP が運用できているか第三者の目で確かめられることは非常に有益でしょう。

　下表に 2023 年 7 月現在、専門家派遣制度を実施している自治体を一部ご紹介します。その他にも多くの自治体で同様の制度がありますので確認してみてください。

〔**自治体が実施する専門家派遣制度**〕

| 自治体名（実施機関） | 制度の概要 |
|---|---|
| 東京都<br>(東京都中小企業振興公社) | BCP 策定支援事業、BCP 策定講座＋BCP 策定コンサルティングにより初めて BCP を策定する都内中小企業を対象に最短 1.5 日で支援（無料） |
| 大阪府<br>(大阪府商工会連合会) | ［簡易版］事業継続計画（BCP）策定支援（A コース）初動対応の確立に重点を置いた簡易版の BCP 策定を 2 日間で支援（無料）※ほか 5 コースあり |
| 埼玉県<br>((公財)埼玉県産業振興公社) | BCP アドバイザーが、中小企業の事業継続力強化計画の策定を無料でサポート |

# 9 BCP と ISO（国際規格）

## ＞ ISO22301（事業継続マネジメントシステム（BCMS））

本項では国際規格である ISO について紹介します。

ISO22301（事業継続マネジメントシステム）が定めるものは、地震・風水害などの自然災害、システムトラブル・感染症の流行・停電・火災といった事業継続に対する潜在的な脅威に備え、効果的な対策を行うための枠組みです。規格の構成は右表のとおりです。Chapter3 で定めた BCP と重複する点が多いことが分かります。

## ＞ 認証取得のメリット

認証を取得することで得られる効果は、リスクマネジメント、業務効率の改善や組織体制の強化、継続的な改善による企業価値の向上及び海外企業を含む取引要件の達成などが挙げられます。

BCP との違いとして、ISO は国際基準に基づき、認定団体による認定を受ける必要があります。また定期的に更新審査、維持審査を受け、認定を維持する必要があります。こうした厳しいチェックにより ISO を取得することで、企業の信頼性を高めることができます。

さらに、こうした信頼性の構築により、企業の社会的責任（CSR）への取組みを対外的に示すことが可能になります。

## ＞ 認証取得へのステップ

ISO の認証取得はいくつかのステップを踏む必要があり、すぐに取得できるものではありません。

まずは ISO22301 の規格に沿った計画を作成、システム構築と運用を実施し必要に応じて点検、処置という PDCA サイクルを回していきます。

その後、認証取得へ向けて登録審査を受け、審査に合格すると登録証が発行されます。

ISO で特徴的なのはその後、継続的に審査が行われることです。概ね 1 年

に1回定期審査を受け、システム運用について適切にPDCAが実施されているか確認を受けます。さらに3回目には更新審査を受けます。

このようにISOは外部機関の審査が行われることから、認証の維持には手間と費用がかかることになります。その分、実効性の高い計画を策定し、更新することができるのです。

〔ISO22301の構成〕

| | | | |
|---|---|---|---|
| まえがき | | 6 計画 | 6.1 リスク及び機会への取組み |
| 序文 | 0.1 一般 | | 6.2 事業継続目的及びそれを達成するための計画策定 |
| | 0.2 事業継続マネジメントシステムの便益 | | 6.3 事業継続マネジメントシステム変更の計画 |
| | 0.3 Plan-Do-Check-Act（PDCA）サイクル | 7 支援 | 7.1 資源 |
| 1 適用範囲 | | | 7.2 力量 |
| 2 引用規格 | | | 7.3 認識 |
| 3 用語及び定義 | | | 7.4 コミュニケーション |
| 4 組織の状況 | 4.1 組織及びその状況の理解 | | 7.5 文書化した情報 |
| | 4.2 利害関係者のニーズ及び期待の理解 | 8 運用 | 8.1 運用の計画及び管理 |
| | 4.3 事業継続マネジメントシステムの適用範囲の決定 | | 8.2 事業影響度分析及びリスクアセスメント |
| | 4.4 事業継続マネジメントシステム | | 8.3 事業継続戦略及び具体策 |
| | | | 8.4 事業継続計画及び手順 |
| 5 リーダーシップ | 5.1 リーダーシップ及びコミットメント | | 8.5 演習プログラム |
| | 5.2 方針 | | 8.6 事業継続の文書化及び能力の評価 |
| | 5.3 役割、責任及び権限 | 9 パフォーマンス評価 | 9.1 監視、測定、分析及び評価 |
| | | | 9.2 内部監査 |
| | | | 9.3 マネジメントレビュー |
| | | 10 改善 | 10.1 不適合及び是正処置 |
| | | | 10.2 継続的改善 |

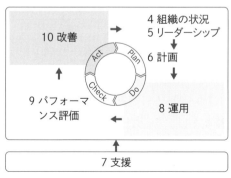

# 10 災害時の労務管理

## > 災害時に検討すべき労務管理

　本項では災害時に検討すべき労務管理を紹介します。BCP の計画では従業員の労務管理上の取扱いを定めることが多く、非常時の時間外勤務、休日勤務、休業、解雇、給料支払など、人事担当者とも情報を共有しておくことが重要です。

　これらの取扱いは労働基準法といった労働法規に災害時の対応が示されており、基準に則った対応が必要です。BCP に反映させる際には、各種取扱いが法に抵触していないか、人事担当者にも充分に確認してもらいましょう。下記に代表的なものをまとめました。

① **休業手当**

　労働基準法第 26 条では、使用者の責めに帰すべき事由により、労働者を休業させた場合、平均賃金の 60％以上の手当を支払うこととされています。

　「使用者の責めに帰すべき事由」というのは管理・経営上の問題という使用者側の理由が中心ですが、事業の外部で発生した事故、使用者が注意を尽くしても、なお避けられなかった事故、これら 2 点を満たす場合は事由に該当しないとされています。

　つまり、自然災害による休業は不可抗力とされる可能性があります。

② **非常時払い**

　労働基準法第 25 条では、労働者が出産、疾病、災害等の費用を請求した時、使用者は賃金支払期日前でも、すでに行われた労働に対し、賃金を支払うことになっています。自然災害発生時には、こうした支払が生じることを認識しておきましょう。

③ **解雇**

　労働基準法第 19 条では、業務災害により休業する期間とその後 30 日

間は解雇してはならない、同じく第20条では解雇の際は、30日前に予告をしなければならないとされています。ただし、「天災事変その他やむを得ない事由のために事業の継続が不可能になった場合」には例外とされています。そのため、自然災害等による被災により急激に業績が悪化する場合、労働者の整理解雇が有効となる場合があります。

④ **時間外・休日労働（非常災害時）**

通常、労働者に時間外・休日労働をさせる場合は、労使協定（いわゆる三六協定）を締結し、労働基準監督署への届出が必要となります。労働基準法第33条では、災害等発生の場合、特例として三六協定で締結した時間外・休日労働の範囲を超えても、労働を行わせることができるとされています。

ただし、従業員の保護が大前提になりますので、そうならないためにもBCPで予め適切な人員計画を定めておくことが重要です。

## ＞ 災害時に活用したい助成金

新型コロナウイルス感染症特例措置として、緊急事態宣言時などに企業の倒産を回避するため、雇用調整助成金、働き方改革推進支援助成金など、政府は様々な施策を打ち出しました。

2023年7月現在では利用できる助成金はありません。しかし、今後も大きな災害や深刻な感染症が発生した際、国や自治体からこのような助成金が打ち出されることがありますので、しっかりと国や自治体の政策をチェックしておくことをお薦めします。

なお、助成金は補助金と混同されがちですが、補助金は事業計画等が申請に必要な場合が多く、採択には厳正な審査があり、採択率も補助金によっては3、4割と採択までのハードルが高いものもあります。一方、助成金は支給要件が整っている場合、正しく申請すればほぼ支給される性質のものです。

**CSR の一貫としての BCP 策定**

## ● 企業の社会的責任を果たす

　企業の社会的責任（CSR = Corporate Social Responsibility）という用語があります。元々は欧米で始まった社会活動で、企業は従業員や顧客だけでなく、地域社会や国に対し、社会的責任を果たすべきであるという考え方です。

　災害の観点から言えば、災害時に適切な対応を実施し、常日頃からリスクに備え、社会に貢献することにより、社会から信頼され評価されるということです。これまで見てきた BCP の観点には、このような CSR の取組みが直接反映されているわけではありませんが、例えば従業員を尊重し、安全で働きやすい職場環境を整える、有事の際は地域社会に可能な限り支援を実施するといったことは BCP にも CSR にも共通するものです。

　社会的責任というと、少々堅苦しく感じてしまいますが、企業・地域社会、企業を取り巻くステークホルダーと助け合って事業を進めていきましょう、ということです。その結果、企業が社会的責任を果たし、企業価値を高めることにもつながります。

## ● BCP を積極的に発信する

　企業の CSR へ向けた取組みは企業の Web サイト等で多く紹介されています。CSR として大々的にアピールせずとも、BCP を策定し、社内だけではなく地域社会ときちんと向き合っていることを発信するだけでも、企業のイメージアップにつながります。

　ぜひ、BCP を策定した際は Web サイト等で情報を発信し、企業の取組みを外部に知ってもらう機会を作るとよいでしょう。

Chapter **6**

# 自然災害への備え

Chapter 6

# 1 国内における自然災害の脅威

　国内では毎年地震、台風、集中豪雨などの自然災害が様々な場所で発生しており、その脅威については多くの方が理解されていると思います。

　日本国内において発生する地震は、世界のおよそ1割程度と言われています。地球全体における日本の国土面積の狭さを考えると、非常に多いと思いませんか？　これは地震の発生要因となるプレート境界が国土の下に広がっていることが理由です。

　そのため日本は大地震が起きる可能性が高く、海上を震源とする地震が起きた場合、四方を海に囲まれた日本では津波の発生リスクも高いと言えます。

　また、地理的条件・気象条件からも台風や豪雨等の自然災害も発生しやすく、最近では梅雨時に線状降水帯が発生すると豪雨が降り、冠水や土砂崩れといった被害が毎年のように発生しています。その後、夏から秋にかけて台風が発生します。国内においては年間で平均25個程度発生し、それらが日本へ接近・上陸し、多くの被害を及ぼすことがあります。冬には大雪による雪氷災害が発生することもあります。日本海側では豪雪によって大規模な交通障害の発生、家屋の倒壊等の被害が起きています。また、普段雪が降らない都市部で降雪があった場合も、交通機関のマヒや路面凍結による事故や怪我が発生しています。

　地震、台風以外にも大規模な自然災害が発生しています。竜巻の発生や活火山の噴火等です。噴火については、御嶽山や阿蘇山の噴火活動等が記憶に新しいでしょうか。

　上述のとおり、狭い日本と言われますが、自然災害については、発生する種類は多岐にわたり、甚大な被害や影響が生じることも多く、国内で事業を運営していく以上、自然災害と適切に向き合う覚悟が必要だと言えるでしょう。

## ＞ 自然災害への対応とは

　会社の経営資源を脅かす自然災害とは先ほど挙げたような地震、大雨、台風、ゲリラ豪雨、雷、竜巻、熱中症、大雪、雪崩、噴火等、多岐にわたります。災害発生への備え、災害への対応は上記で挙げた様々な自然災害毎に検討すべきですが、これらとは別に Chapter3 で紹介した一次災害、二次災害という分類に従い、対応を検討する必要があります。

## ＞ 自然災害の一次災害、二次災害

　Chapter3 では**一次災害は災害そのもの、又はそれによって生じる被害のこと、二次災害とは、一次災害の発生を機に派生的にもたらされる被害のこと**と紹介しました。地震の例では、道路や建物の倒壊、土砂災害等が一次災害、津波、火災、水道・電気・ガスといったライフラインの断絶等が二次災害に当たります。

　下表に各災害の一次災害、二次災害の事例を掲載しています。

〔**主な自然災害発生時の一次災害、二次災害**〕

|  | 一次災害 | 二次災害 |
|---|---|---|
| 地震 | 道路、橋の損壊、建物の倒壊、家具の転倒・破壊、土砂災害、液状化 | 津波、火災、ライフライン断絶、交通障害、通信遮断、避難所等での被害発生 |
| 台風 | 河川氾濫、高潮、家屋倒壊、土砂災害、内水氾濫、強風被害 | ライフライン断絶、交通障害、通信遮断、避難所等での被害発生 |
| 大雨・ゲリラ豪雨 | 河川氾濫、内水氾濫 | ライフライン断絶、交通障害、通信遮断、避難所等での被害発生 |
| 雷・竜巻 | 火災、強風被害、雹による建物損壊 | ライフライン断絶 |
| 大雪・雪崩 | 地すべり、家屋倒壊 | ライフライン断絶、交通障害、凍結による転倒事故 |

# 2　災害対策本部

## 設置の目的

　地震や台風など災害が発生、又は被害が生じる恐れがある時、自治体等で災害対策を実施・統括する組織が災害対策本部です。

　自治体では電気等のライフライン、道路の断絶が発生した際に二次被害を防止するために、避難所を運営します。避難所では被災者へ物資の配布、トイレ・風呂等の公衆衛生対策など、対応は多岐にわたります。さらに、様々な災害情報を集約し、適切な判断を行うことが求められます。

　このように非常時に迅速な意思決定を行い、組織が一丸となって対応できるよう災害対策本部を組織します。企業では自治体ほどの対応の煩雑さはありませんが、災害時、混乱が生じている状況で組織が統率され、効率よく行動するためにも災害対策本部の組織を検討する必要があります。

## 求められる役割

　災害対策本部にはどのような機能があり、それぞれどのような役割を果たしているか下表にまとめました。

　これらはあくまで一例で、想定する災害、業種・業界により求められる機能や役割も異なってきます。各企業で必要な対策を列挙し、それらを各機能

〔災害対策本部の主な役割一覧〕

| 部門 | 主な役割・ミッション |
|---|---|
| 本部長 | 方針の決定 |
| 副本部長 | 本部長の補佐、代行、被災状況の取りまとめ・整理 |
| 事務局 | 庶務、本部会議の開催、マスコミ対応 |
| 情報部門 | 情報の取りまとめ、情報システム基盤の復旧・運用・保守 |
| 渉外部門 | 各防災関係機関との連絡調整 |
| 物資部門 | 事業継続に必要な物資の調達・配布等 |
| リエゾン | 連絡担当者、支社や工場との連絡調整、応援体制の構築 |

に割り当てることにより、必要十分な役割を果たす災害対策本部を設計します。

> ### 災害対策本部の組織化

　災害対策本部の設計後、組織化するために企業の人員を当てはめていきます。気を付けるべき点は日常業務とかけ離れた業務を災害時に行なうことがないよう役割を配慮することです。

　例えば、情報部門は広報担当や情報システム担当が担い、職員配置・救護部門は人事担当が担うといったところです。

　また、災害規模が大きい場合、長期間にわたる災害対応が見込まれます。この際、特定の部門、人員に負荷がかかり、長時間労働になることを避けるため、班員の入れ替え・増員等、適切に対応します。

> ### 設置基準と参集基準

　どのレベルの災害が発生、又は見込まれる時に災害対策本部が設置されるかの基準を策定します。例えば、地震であれば震度5強以上、豪雨であれば大雨等特別警報の発表などです。又は業務内容、立地条件によって企業に甚大な被害が想定される場合などを設置基準とします。

　また、災害対策本部設置まではいかずとも情報連絡体制を構築するため、震度5弱以上の地震の発生、台風等で警報が発表された場合に部門長以上の従業員の参集を検討します。参集した従業員は被害想定の検討、情報収集と組織内での共有といった被害を未然に防ぐ行動を実施します。

　このように、想定される災害のレベルに合わせて災害対策本部の設置基準と従業員の参集基準を決めます。参集が困難な場合に備えて、オンライン会議システムを利用することもぜひ検討してみてください。

# 3　備蓄の考え方

## 備蓄とは何か？

　大規模災害の発生時、自治体等から配布される支援物資がすぐに利用できるとは限りません。従業員が帰宅できない時や緊急の災害対応で長時間、事業所に留まる場合に備え、事業所に備蓄をしておく必要があります。

　備蓄内容は想定する災害や、業種により必要なものは異なってきます。飲料水、非常食、衛生・救急用品、避難用品といった基本的な備蓄に加え、各企業で必要なものをプラスして備えます。

　備蓄量は、従業員数×日数＋余剰分として必要な量を算出します。なお、Chapter5 で紹介した東京都帰宅困難者対策条例では 3 日分の飲料水、食料を備えるよう求めています。これは発災後 3 日間については救助・救命活動を優先させる必要があり、従業員の一時帰宅が救助・救命活動の妨げとならないよう、従業員が施設内に留まれるようにするためです。

　また、郊外に位置する工場など、物資の供給を受けにくい場所や、事業所自体が地域の拠点となっているような場所は、余剰分を多く持つ必要があります。とはいえ保管スペースも限られ、備蓄品にも消費期限があることから、経済的にも過剰にならず、かつ必要十分な備蓄量を検討することが重要です。

　このような地域は企業だけでなく近隣住民も備蓄を受けられないケースも考えられますので、余剰分を地域住民に配布するといったことも検討してみてください。こうした地域貢献が Chapter5 で挙げた CSR（企業の社会的貢献）につながり、地域との関係性強化につながっていきます。

## 備蓄の中身

　主な備蓄品の分類は以下のとおりです。右表に備蓄品リストをまとめましたので、必要な備品をプラスし、備蓄品リストを作成してみてください。

　特に飲料水、食料品については、数年単位で長期保存が可能な製品を用意します。アルファ米を使った保存食など、最近は様々な非常食があります。

管理や収納の手間を考えると、このような専用の非常食を備えるのが簡単で便利でしょう。

## ＞ 備蓄品の保管

　備蓄品は堅牢な倉庫等に適切に保管する必要があります。ヘルメット等の避難用品は従業員ロッカー等に保管するようにします。全ての従業員が備蓄品にアクセスできるよう、マニュアル等を作成し、全従業員間で情報共有を行うとよいでしょう。

〔企業の備蓄品リスト〕

| 分類 | 品名・量 |
|---|---|
| 飲料水、食料品 | ☐ 飲料水　1日3ℓ×3日×必要人数<br>☐ 非常食　1日3食×3日×必要人数 |
| 寝具等 | ☐ 毛布　1人1枚<br>☐ 簡易マットレス　1人1枚（段ボールも可） |
| 衛生用品 | ☐ 非常用トイレ　1日6回×3日×必要人数<br>☐ トイレットペーパー、ウェットティッシュ<br>☐ アルコール消毒液 |
| 救助・救急用品 | ☐ 救助セット（担架等一式）<br>☐ 応急手当セット |
| 避難用品 | ☐ 軍手<br>☐ LEDライト<br>☐ 雨具<br>☐ ヘルメット・ホイッスル |
| ラジオ・電池等 | ☐ ラジオ（フロアに1つ）<br>☐ 乾電池、スマートフォン充電器（3日分） |

# 4　地震対策

　日本は世界有数の地震大国と言われ、これまで数多くの大地震に見舞われてきました。2011年の東日本大震災、2016年の熊本地震といった甚大な被害をもたらした大地震は記憶に新しいと思います。

　日本では年間何回の地震が発生しているかご存じでしょうか？

　気象庁のデータによると、2021年において、震度1以上の地震が2424回も発生しています。日本で発生する地震には大きく分けると2種類となり、それぞれ海溝型地震、直下型地震です。

〔地震の分類〕

| 地震の型 | 特徴 | 発生例と予測例 |
|---|---|---|
| 海溝型地震 | 海洋プレートが陸のプレートに沈み込み、跳ね上がることで発生、規模が大きい、津波が発生し、広い範囲に被害を及ぼす | 東日本大震災<br>南海トラフ巨大地震（予測） |
| 直下型地震 | 陸のプレート内部での断層運動により発生、都市部で発生すると、甚大な被害を及ぼす | 兵庫県南部地震<br>新潟県中越地震<br>首都直下型地震（予測） |

## ＞　今後想定される地震

　今後、発生が見込まれる大地震はいくつかありますが、特に甚大な被害が予測されているものが首都直下型地震です。

　今後30年間で約70％の確率で発生すると考えられており、内閣府が被害シミュレーションを実施しています。その結果、主な被害として、地震の規模はマグニチュード7.3、家屋の全壊・焼失は最大約61万棟、死者は最大約2.3万人、要救助者は最大約7.2万人、被害額は約95兆円と見込まれています。想像を絶する被害が見込まれていますが、首都直下型地震は東京都心部に被害が集中することから、都会ならではの被害が生じます。

　具体的には、交通施設、ライフラインの寸断から帰宅困難者が続出、木造

家屋密集地帯で火災が起きた際に消火活動が滞り、延焼が広範囲に及ぶ、高層ビルの長周期振動による被害、エレベーター閉じ込め、大量の震災廃棄物の発生と停滞等、が挙げられます。

## 行うべき地震対策

このように地震はすでにリスクが見えているため、ハザードマップ等に基づき対策を検討することになります。BCPに盛り込むべき地震対策を企業の経営資源であるヒト・モノ・カネ・情報毎に分類しました。

これらは一例に過ぎません。企業の立地、置かれた環境によって必要な対策、不要な対策がありますので、適宜取捨選択をして、必要な時に迅速に対応できる体制を整えておきましょう。

**〔行うべき地震対策の例〕**

| | | |
|---|---|---|
| ヒト | 従業員の安否確認 | 安否確認メールの送付、緊急連絡先リスト作成等 |
| | 業務分担拡大の検討 | 欠員が生じた際のフォロー体制を構築 |
| | 負傷者の救助 | 普段から訓練を通じて慣れておく |
| モノ | 建物の耐震化 | 耐震診断を行い、必要に応じて耐震化工事を実施 |
| | 什器・家具の転倒防止対策 | 事務所内の被害軽減、怪我の防止 |
| | サプライチェーン維持 | 仕入先の多重化、取引先との調整等 |
| カネ | 保険加入 | 復旧費用の確保 |
| | 資金繰りの維持 | 流動性資金の確保 |
| | 決済システムの維持 | 決済方法の多重化を取引先と検討 |
| 情報 | データのバックアップ | 遠隔地拠点へデータを物理的に転送、クラウドネットワークへ転送 |
| | 無停電電源装置の設置 | 長時間の停電に備える |
| | 正確な情報収集 | 災害情報の収集、伝達方法の確認 |

# 5 水害対策

　水害とは、降雨により発生する災害を指し、主に河川の氾濫、土砂災害、高潮による氾濫被害があります。

　地球温暖化等の気候変動により、将来的な気温上昇、雨の降り方の変化、海面水位の上昇等が生じています。実際、国内でも豪雨の発生機会は増えており、1時間降水量50mm以上となる降雨の年間発生回数は1980年頃と比較すると40%程度増加しています。

　実際、梅雨時から秋の台風シーズンにおいて、線状降水帯の発生に伴う豪雨、長雨により、河川氾濫がこれまでにない頻度で発生しています。

## 外水氾濫と内水氾濫

　先ほど示したように、豪雨は以前と比べてより激しくなっています。数十年住んでいて一度も浸水などなかったにも関わらず、明日にでも浸水被害が発生することがあるのです。つまり、今まで何もなかったのだから大丈夫という考えが全く通用しなくなってきています。

　豪雨により河川の堤防が決壊し、水が溢れ出すことを外水氾濫と呼び、都市部の市街地などで局地的な豪雨の発生により、下水道や排水路内に雨水が滞留して道路等に雨水が溢れ出すことを内水氾濫と呼びます。河川の側に立地していなくても、都市部ではこうした被害が生じることもぜひ知っておきましょう。

## ハザードマップを活用する

　浸水被害を示したハザードマップが自治体から示されています。事業所の立地においてどの程度の浸水が予想されるか、確認をしてみてください。

　例えば工場といった大規模な施設の場合、土地の用途制限や大規模な空地が確保できなかったという理由で、郊外を流れる河川の近くに立地していることがあります。この場合、浸水リスクがあるから別の場所に移転しようと、話は簡単ではありません。浸水リスクの高い土地に事業所が立地している場

合、ある程度のリスクを許容し、被害を最低限に留めるようなBCPや災害対策が必要になります。

　浸水リスクを企業として受け止め、積極的に対応していくという経営者の気概が何よりも大切になります。

## ＞ 行うべき水害対策

　地震対策と同様、ハザードマップ等に基づき対策を行うことになります。本対策も経営資源であるヒト・モノ・カネ・情報毎に分類しますが、ヒト、カネ、情報については共通事項が多いため、モノに絞って示します。

　水害対策で重要なことは浸水を事前に防ぎ、建物へ流入させないことです。そのために、止水板や土のうの設置が基本的な対策になりますが、電気設備といった重要な設備・企業の重要情報を扱う部署については、予め嵩上げされた建屋に設置する等、企業が所有する財産の重要度に応じて、対策レベルを検討してください。

　また、工場等では危険物等が浸水によって、外部に流出し、甚大な二次被害を周囲に及ぼす可能性もあります。こうしたリスクを踏まえ、予め対策を講じておくことが重要です。

〔行うべき風水害対策（モノ）の例〕

| | | |
|---|---|---|
| モノ | 止水板、土のうの設置 | 建物出入口の浸水対策 |
| | 逆流防止装置の設置 | 下水道、マンホールにバルブ、密閉装置を設置 |
| | 重要書類等の階上避難 | 事前に重要品を2階へ上げておく |
| | 貯水槽の設置 | 建物入口等、水防ラインから流入経路を確保 |
| | 溢水期の在庫対策 | リスクが高い時期には在庫を減少させる |
| | 危険物の流出対策 | 二次被害を防ぐため、予め準備しておく |

# 6 台風、竜巻対策

　台風・竜巻の往来により、水害・暴風・雷・雹（ひょう）といった被害が引き起こされます。水害については前項で示したとおりです。

　そもそも台風とはどういうものなのでしょうか？　台風とは、日本の南、熱帯の海で発生する熱帯低気圧の中でも、最大風速が 17m/秒以上で太平洋に存在するものを指します。国内では台風と呼びますが、海外ではハリケーン（大西洋で発生）、サイクロン（インド洋で発生）という呼び名になります。

　竜巻は積乱雲の下で発生する、渦巻のことを指します。日本では夏に多く発生します。これは台風や寒冷前線の通過といった積乱雲が発生しやすい気象条件が多いためです。

　雷・雹は近年多く観測されるゲリラ豪雨に伴い発生することが多く、梅雨後の初夏に観測されることが多いです。拳ほどの大きさの雹が大量に降ることもあり、農作物の損傷、自動車等の損壊といった被害が各地で起きています。

## 気候変動による台風の大型化

　地球温暖化等の気候変動により海面水温が上昇、大気中の水蒸気量が増加することから、将来的に台風はより大型化し、風雨も増大すると考えられています。つまりより広範囲に、より大きな被害を及ぼす巨大台風の発生が見込まれているのです。同様の理由で竜巻もより大型化するという予測もあります。

## 行うべき台風・竜巻対策

　台風による災害は暴風によるものと、沿岸部での高潮・波浪などの水害に分かれます。竜巻は急激な暴風と雷、大粒の雹が降るといった被害に分かれます。

　台風は事前の進路予測で予め備えることが可能です。一方、竜巻・雷・雹の発生は急な積乱雲の発達によるものです。現在の気象サービスは直前の竜

巻・豪雨予測が可能となっており、最新の気象情報を活用することで、事前に備えることが大切です。

　対策例を下表に示しましたが、基本的には地震や水害と同様、事前の計画的対策が重要です。ゲリラ豪雨など短時間で発生が見込まれる災害については、気象情報サービスを活用し、得られた情報を適切に社内で情報共有し、それぞれの部署で対策できるようにします。

　また、台風による強風が原因で、屋外の敷地に残置している資材等が飛ばされ思わぬ人的・物的被害が生じることがあります。5S（整理、整頓、清掃、清潔、しつけ）という経営管理手法があります。それぞれは単純なことですが、こうした地道な5S活動に取り組むことで、防災対策にもつながっていきます。特に敷地外に影響を及ぼす可能性のある場所は、不要なものを捨て、常に掃除が行き届いたきれいな状態を維持するようにしましょう。

**〔行うべき台風・竜巻対策（ヒト・モノ）の例〕**

| | | |
|---|---|---|
| ヒト | 窓ガラスにフィルムを張る | ガラスの飛散防止 |
| | 資材置場・ベランダの片づけ等、5Sの徹底 | 強風による資材の散乱、植木鉢等の落下防止 |
| | 危険な場所からの避難 | 高潮、土砂災害が発生するような沿岸、山の斜面等には近づかず避難をする |
| | 頑丈な建物に避難、電柱や木から離れる | 竜巻が発生した際、建物への避難、倒壊の恐れのある電柱や木から離れる |
| | 緊急速報メールの活用 | 気象情報サービス（アプリ等）を利用する |
| モノ | 緊急速報の情報共有 | 急な非難が求められる際、迅速に社内で情報共有を行える体制を構築する |
| | コンセントを抜く | 落雷で家電製品がショートするのを防ぐため |
| | 自動車を屋根の下へ避難 | 雹による自動車の損傷を防ぐため |

# 7 雪氷対策

　冬場、日本列島の日本海側、東北北部、北海道等では災害級の大雪に見舞われることがあります。最近では、日本海寒帯気団収束帯（通称：JPCZ）という用語が気象情報でも聞くことが増えてきました。

　JPCZ は冬季、日本海側で強烈な寒気団によって形成される 1,000km 程度の収束帯のことで、対流雲が大きく発達して日本海側の特定の地域で局地的な大雪をもたらします。JPCZ の発生は気圧の配置によって異なるため、北陸や東北部だけではなく、場合によっては山陰地方まで影響を及ぼす場合があります。現代の気象観測技術ではある程度、JPCZ の発生も予測できるようなので、事前に備えることが可能になってきました。

　大雪で生じる災害にはどのようなものがあるでしょうか？雪崩、除雪中の転落事故、路面凍結による交通事故など、毎年様々な場所でこうした事故が発生しています。また、送電網の損傷等で停電が起きると企業活動に大きな影響を及ぼします。さらに物流業界では、道路上で積雪し、車両が立ち往生してしまい、長時間に渡る渋滞が発生してしまうという事案がここ数年で増加しています。この車両滞留の原因は大型車のチェーン未装着が原因の 1 つとされています。豪雪地帯を走る自動車の多くは冬用スタッドレスタイヤを装着していますが、一定程度の積雪、道路の傾斜といった悪条件が重なるとスタッドレスタイヤでもスリップし、動けなくなることがあります。こうした滞留はチェーン装着することで回避ができますので、必ず携行するようにしましょう。

　また、周囲に店舗等、何もない所で車両滞留により足止めされた時に備え、食料、飲料、携帯トイレ、スマートフォン（スマホ）の充電器等を車内に準備をしておきましょう。

## ＞ サプライチェーンの寸断

　道路物流網の停止や停電によりサプライチェーンが寸断された場合、企業

経営に大きな支障をきたすことになります。長い時は数日間にわたり、製品の出荷や部品等の荷受けができない事態が生じます。さらに公共交通機関も停止していると、従業員の出社が不可能になります。

このように企業活動が機能不全に陥り、製造業、農林水産業、流通業を営む企業にとっては大きな痛手となります。また、それらの企業をサプライヤーに持つ製造業、小売業も同様です。このようにサプライヤーの納品が停止することで、豪雪地帯だけではなく、日本全国に影響が及ぶ可能性があります。冬季、このようなリスクが見込まれる時は事前に在庫量を増やすといった対応を行うことが重要です。

## ＞ 行うべき雪氷対策

これまで見てきたような対策を同様に行いますが、企業にとっては停電・大雪による道路寸断により、サプライチェーンや物流網の寸断といったリスクへの備えをすることが重要です。

**〔行うべき雪氷対策（ヒト・モノ）の例〕**

| | | |
|---|---|---|
| ヒト | 気象情報の情報共有、車両の運行待機の検討 | 気象情報により道路の立ち往生が生じるリスクがある場合、車両待機、運行の延期を検討する |
| | チェーンの携行と確実な装着 | チェーンは必ず携行し、道路情報等で注意喚起がされたら、安全な運行のため、迅速に装着する |
| | 立ち往生時の備蓄品を車両に搭載する | 車両の立ち往生に巻き込まれた時に備え、食料、飲料水、携帯トイレ、充電器を常に車両に備えておく |
| モノ | 輸送手段・輸送経路の多重化の検討 | 大雪時には別の輸送手段で対応、異なる輸送経路を利用することを検討 |
| | 非常用電源設備の導入 | 停電時に備え重要機器、通信機器への電源確保 |
| | ガソリン、灯油等、燃料の備蓄 | サプライチェーン寸断による、燃料不足への対応、停電時の灯油ストーブ活用のため |

# 8　津波・噴火対策

　最後は津波・噴火についてです。津波については沿岸付近、噴火について
は活火山近辺と、これらの災害は特定の地域・場所に被害を及ぼします。そ
して東日本大震災、御嶽山噴火のように、時として甚大な被害を及ぼし、多
数の死傷者が発生することもあります。

　毎年発生している、地震や台風と異なり、頻度が低いため対策をとってい
ない企業もあるとは思いますが、こうした災害は一度起きると、被害地域以
外でもサプライチェーンの寸断など、経営に大きな支障をきたすことになり
ます。

## ＞ サプライチェーンへの甚大な影響

　津波については東日本大震災の甚大な被害が記憶に新しいと思います。多
くの人命が失われた国内で例のないほどの大災害でした。

　津波により沿岸部の市街地・農村部は壊滅的な被害を受けましたが、サプ
ライチェーンへの甚大な影響により、全国様々な企業が生産停止等に追い込
まれました。

　これまで国内製造業では高い生産性、円滑な物流といった生産体制の効率
化により世界においても高い競争力を保持していました。それが震災により
サプライヤーの生産拠点の多くが被災したこと、物流網の断絶によりモノが
停滞したこと、生産人員の不足で生産体制が構築できなかったこと、計画停
電の実施、こうした様々な事象が重なったことで国内の生産体制が大崩れし
ました。

　噴火については、2014 年に御嶽山の噴火により多数の死傷者が発生しま
した。それ以前は雲仙岳、阿蘇山、三宅島、桜島といった活火山の噴火によ
り多くの被害がでています。こうした活火山の噴火リスクの高い地域には自
治体でハザードマップを作成していることが多いので、ぜひ活用してみてく
ださい。

噴火で怖いのは火口周辺地域だけでなく、降り注ぐ火山灰が非常に広範囲に及ぶことです。例えば富士山が噴火した際、火山灰は西風に乗って関東全体に降ることになります。特に首都圏は火山灰により大規模な都市機能のマヒが起こります。降灰により、視界が悪くなるだけでほぼ全ての公共交通機関は停止します。つまり、物流網が寸断、サプライチェーンに甚大な影響を及ぼすことになります。

## 行うべき津波・噴火対策

　これまで見てきたような対策を同様に行いますが、津波・噴火によりサプライチェーンや物流網の寸断が大規模かつ長期間起きる可能性があります。このようなリスクに備え、BCP に反映させることになりますが、企業立地によりリスクの大小は様々です。リスクが低い場合は、許容するという判断もありますので、その点を踏まえた対策を行ってください。

〔行うべき津波・噴火対策（ヒト・モノ）の例〕

| | | |
|---|---|---|
| ヒト | ハザードマップによる立地危険度の確認 | 万が一、津波や噴火が起きた場合、自社にどのような被害が生じるか想定する |
| | 津波・噴火発生時の連絡体制の構築 | 社内で情報共有し、迅速な避難ができるよう連絡体制を構築しておく |
| | 避難場所の確保・周知 | 有事の際、どこへ避難すべきか社内で検討、必要に応じて避難場所を設置する |
| モノ | 重要設備の高所への移設 | 津波発生の際に影響がないよう、重要設備を高所へ移設することを検討 |
| | 重要情報・設備のバックアップ | 被災の際、迅速な事業復旧のため、重要情報や設備を遠隔地にバックアップしておく |
| | 情報システムのクラウド化 | 社内サーバーやシステムが被災しないよう、可能な限り信頼できるクラウドサービスを利用する |

# 1 重要な二次災害対策とは

　二次災害とは、一次災害の発生を機に派生的にもたらされる被害のことです。例えば、豪雨が引き起こす地滑り・崖崩れ、地震による津波・火災などによる、社会インフラの崩壊、断絶などが相当します。

　阪神大震災で起きた火災や地盤の液状化による交通インフラの崩壊、東日本大震災で起きた大規模な津波による原発事故などは典型的な事例です。

　二次災害は、人命に係わるリスクはもちろん、インフラの崩壊による業務停止など仕事に係わるリスクも包含しています。生きるため、仕事のためにリスクを想定し、対策、準備をしておきましょう。

## ＞ 人命に関わるリスク

　日本は、地震や水害などの災害が発生しやすく、災害によって多数の方が亡くなるなど、痛ましい被害は、毎年のように発生しています。もちろん、地震の起きやすい土地、水害が発生しやすい土地はありますが、仮に、自分達が住んでいる土地が安全そうに見えても、決して安心はできません。いつ我が身が、被災者になるか分からないのです。

　地震が発生して、建物が崩壊し下敷きになったり、火災が発生して逃げ遅れたり、水害が発生して崖崩れが起き建物や工場が流されてしまったりすることもあります。いつ、自分の身や会社に起こるか分かりません。人命が損なわれては、事業を継続することは極めて難しくなります。

　地震の二次災害として想定される建物の崩壊、火災などは、地震発生から、少し間を置いて発生することが多いものです。地震が発生したら、すぐに避難したり、火種を消したりすることは、日頃の準備や訓練で、ある程度は、できるようになるものです。逆に、このリスクを想定せず、準備も訓練もしていない場合は、想定以上の被害を覚悟しなくてはいけません。人命は何よりも優先させるべきものなので、人命に係わるリスクの想定と対策の実施は企業にとって必須のものと言えます。

## ❯ インフラ崩壊に関わるリスク

　事業の継続には、水、電気、ガス、通信などのインフラが不可欠です。しかし、水道管の破裂による断水、送電設備の断線による停電、通信回線の分断による通信不能などは、災害時によく起こる二次災害です。これにより、生産設備が動かせなかったり、社内外との連絡がとれなかったり、などの事業継続を妨げるリスクが生まれます。また、地震による道路の液状化、水害による洪水、崖崩れなどで、道路が通行不能となり、事業に必要な物資の輸送ができなくなるなどのリスクも生まれてきます。

　災害により、道路や橋が使えなくなり、周囲と孤立してしまい、水や食料も入って来なくなると、そもそも生活を維持することすら難しくなります。日頃から、こうしたリスク、事態を想定しておいて、水や食料を備蓄しておけば、最低限の生活や仕事の継続は可能になります。まさに、「備えあれば、憂いなし」と言えるでしょう。

〔二次災害で想定されるリスクの例〕

| 分類 | リスクの例 |
|---|---|
| 人命に関わるリスク | 火災<br>崖崩れ<br>地滑り<br>洪水・浸水<br>津波<br>建物の崩壊　　　　など |
| インフラ崩壊に関わるリスク | 断水<br>停電<br>通信断<br>道路通行不能<br>鉄道利用不可<br>空港利用不可<br>港湾利用不可　　　など |

# 2 安全確認

災害が発生したら、家族や従業員の安全確認、安否確認をします。

## > 安否確認

東日本大震災の際、大きな地震、揺れが発生したあと、家族や従業員が無事かどうか、心配した経験のある方も多いでしょう。ただ、確認したくても電話がつながらない、メールが送れない、など確認に時間がかかった方が多かったのではないでしょうか。電話やメールなどの通信網は、一度に大量の人が利用しようとすると、通信事業者の通信設備がパンクして、利用ができなくなってしまいます。そのような電話、メールの限界も見据えた上で、BCP においては、安否確認の方法を決めておきましょう。

## > 安否確認の方法

安否確認の方法はいくつかあります。災害時に必ず機能するといえる方法はないので、複数の方法を使えるように用意しておくことが大切です。

通信事業者が提供している安否確認方法があります。NTT が提供する「災害用伝言ダイヤル（171）」は、固定電話、携帯電話、公衆電話、災害時に NTT が避難所などに設置する災害時用公衆電話などから利用できます。他にも、携帯電話会社各社が、災害用伝言板、緊急速報、復旧用エリアマップなどのサービスを提供しています。NTT と NHK が提供している「J-anpi」は、安否情報を登録して共有できるほか、他の複数の災害用伝言板への登録情報も共有できます。「Googl パーソンファインダー」も同様な機能があり、災害時に簡単に利用できる安否確認ツールです。

災害時には、Facebook, Twitter, LINE などの SNS も安否確認に利用できます。東日本大震災の際、電話やメールはつながらなくても Twitter で連絡をとれたケースがありました。ただ、SNS はつながっていないと連絡ができないため、あらかじめ、相互につながっておく必要があります。

自治体には、スマホ等で使える自治体防災アプリを公開しているところが

あります。自分の属する自治体が公開していないか、チェックしておきましょう。安否情報の登録の他、災害情報、避難情報、リスクマップなどを備えています。

　企業として利用したいのが、ベンダ等が開発、販売している安否確認システムです。社員数が多くなると、一人一人の安否を確認するのは、非常に大変で時間もかかります。安否確認システムは、多くの社員に一斉に情報が送れ、安否情報を登録、共有することができます。多くのシステムがあるため、自分の会社に合ったものを選定し、利用できるようにしておくと安心です。その他、アナログな安否確認の方法もあります。被災地は、電話が集中してつながりにくくなる場合が多いですが、そんな時は、被災地以外の第三者に安否を中継してもらって、連絡を取り合えば、安否確認ができます。これを「三角連絡法」といいます。災害で通信網やシステムが全く使えなくなっても、メモを使うことはできます。あらかじめ、メモを貼る場所などを決めておけば、最低限の安否確認はできます。

〔**安否確認方法の例**〕

| 分類 | サービス |
|---|---|
| 通信事業者が提供 | 災害用伝言ダイヤル（171）<br>災害用伝言板（web171）<br>NTT ドコモ「災害用伝言板」<br>au（KDDI）「災害用伝言板サービス」<br>ソフトバンク「災害用伝言板」<br>Y!mobile「災害用伝言板サービス」 |
| 安否情報検索サイト | 「J-anpi」（NTT と NHK が提供）<br>「Google パーソンファインダー」（Google が提供） |
| SNS | Facebook, Twitter, Instagram, LINE　など |
| 自治体防災アプリ | 東京都防災アプリ, 大阪市防災アプリ　など |
| 安否確認システム | Biz 安否確認/一斉通報、安否 LifeMail、安否確認システム ANPIC など |
| その他 | 三角連絡法、メモ　など |

# 3　輸送路・通勤ルート

　災害により、道路が寸断されてしまうと、車が利用できません。製品製造に使う原料や部品が運べなくなり、完成した製品を出荷できなくなってしまいます。また、鉄道が止まったら、通勤が困難になる社員も出てきます。こんな場合に備えて、災害時の輸送路や通勤ルートに関し、あらかじめ代替手段を複数確保しておきましょう。

## ＞ 輸送路

　災害により普段利用している道路が寸断された場合、どのような影響が出るか、あらかじめ把握する必要があります。取引先との輸送路を確認し、寸断された場合の輸送に関しシミュレーションしてみましょう。

　会社や工場付近の道路や橋、トンネルなどが使えない場合、迂回などをして輸送路が確保できないか、検討します。道路はネットワークなので、様々な経路があり、かなり遠回りとなっても輸送が可能であれば、代替ルートとして利用できます。

　東日本大震災の際は、津波で太平洋側の道路は使えなくなりましたが、日本海側の道路は使えたことがありました。地図を見ながら、広範囲にわたって可能性を探ることができます。物流会社によって、災害時に機能するかどうかは、まちまちになることもあるので、日頃利用している物流会社の他に、複数の物流会社を利用できるようにしておくことも有効です。また、道路が長時間にわたって利用できない最悪の事態を想定して、部品などの在庫を倉庫に保管しておくことも考える必要があります。

　道路が寸断されトラックが使えなくなっても、鉄道などの他の交通手段を代替輸送方法とできる場合もあります。代替輸送に関し、鉄道を利用するケース、船を利用するケース、飛行機を利用するケースなどを想定して利用方法や料金などを確認し、災害時の輸送の選択肢を拡げておきます。

　災害が発生し、鉄道が止まって通勤や帰宅が困難になった経験を持つ方も多いでしょう。社員一人一人が、通勤に利用している鉄道が止まった場合の代替の通勤ルートを調べておくことも、事業継続を図る上では大切なことです。日頃使っている鉄道会社とは別の鉄道会社の路線や、路線バスなどを使った場合の通勤ルートも確認しておきたいものです。特に、災害が発生して災害対策本部を立ち上げるような場合は、徒歩ででも出社する必要に迫られることから、災害対策本部メンバーは、日頃から会社への駆けつけ訓練などをしておくことも必要になります。なお、災害時の出勤ルール、代替の通勤ルートに関しては、社員の家庭、会社とのバランス、交通費などが関わってくるので、あらかじめ申請し、関係者と合意しておくと、災害時でも、スムーズに出社対応できます。

　新型コロナウイルス感染症の蔓延で、外出が難しくなり、リモートワークが一気に普及しました。リモートワークは災害時の勤務方法としても非常に有効なものです。リモートワークで対応できる業務を増やし、出社しなくても、ある程度の業務が継続できるよう、リモートワークシステムやネットワークを準備しておくことも、BCPに入れておきたいものです。

**〔災害時の代替ルート、代替輸送のイメージ〕**

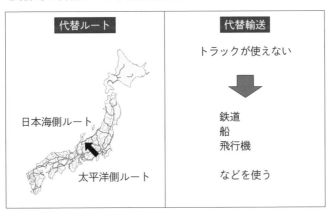

# 4 水と食料品

　災害発生時、道路や鉄道が使えなくなり会社にとどまらざるを得ない場合や帰宅できそうでも、帰宅困難になる社員も出てくる可能性があります。一度に多くの人が帰宅しようとすると、道路や鉄道が麻痺して、移動が難しくなる恐れもあり、「むやみに移動を開始しない」などの通知が自治体等から出る場合も想定されます。そんな場合に備えて、社員が会社でもある程度、生活ができるよう最低限の水や食料を備蓄しておく必要があります。

## ＞ 水と食料などの備蓄

　水と食料の備蓄に関しては、東京都が「東京都帰宅困難者対策条例」第7条2項に規定しており、参考になります。

　規定では、3日分の水と食料、その他の特に必要な備蓄品について書かれています。対象は、正規、非正規問わず、全従業員となります。

　事業継続等の要素も加味し、企業ごとに必要な備蓄品を検討することが望ましいとされ、備蓄品には、非常用発電機、燃料、工具類、調理器具（携帯用ガスコンロ、鍋等）、副食（缶詰等）、ヘルメット、軍手、自転車、地図などが例示されています。企業だけでなく従業員等自らも備蓄に努めることとのされており、従業員にも備えておくよう日頃から伝えておくのも良いでしょう。

　備蓄品を災害時に有効に使えるようにするためには、準備しておくだけではなく、備蓄品をしっかり管理しておくことが大切です。保管場所は、すぐに取り出せる場所にすることが基本です。災害が発生したときに誰もがすぐに取り出せるような場所に保管しましょう。ただ、1か所に保管すると、保管場所に行けなくなることも考えられます。そのため備蓄品の保管庫は数か所に用意して、分散して管理するほうが安全です。

　水や食料には賞味期限があるので、賞味期限切れにならぬよう、定期的に期限の確認をすることも大切です。1年に1回程度、備蓄品を消費して買替

えや寄付などをする日を決めておきましょう。また契約している自動販売機業者と災害時に飲料を無償で提供してもらえるよう取り決めを交わしておくことも、飲料水の期限切れを防ぐのに良い方法といえます。

　社員数が多い、又は事業に利用するなどで、大量の水や燃料を必要する場合もあります。その場合は、大型、大容量の飲料タンク、燃料タンクが市販されているので、それらを活用することもできます。この場合も、日頃から、タンクの点検などはしっかり行っておく必要があります。

**〔水と食料等の備蓄例（「東京都帰宅困難者対策条例」から抜粋)〕**

| 1　対象となる従業員等 | 雇用の形態（正規、非正規）を問わず、事業所内で勤務する全従業員 | |
|---|---|---|
| 2　3日分の備蓄量の目安 | (1)　水 | 1人当たり1日3ℓ、計9ℓ |
| | (2)　主食 | 1人当たり1日3食、計9食 |
| | (3)　毛布 | 1人当たり1枚 |
| | (4)　その他 | 物資ごとに必要量を算定 |
| 3　備蓄品目の例示 | (1)　水 | ペットボトル入り飲料水 |
| | (2)　主食 | アルファ化米、クラッカー、乾パン、カップ麺<br>※水や食料の選択にあたっては、賞味期限に留意する必要がある。 |
| | (3)　その他 | 特に必要性が高いもの<br>・毛布やそれに類する保温シート<br>・簡易トイレ、衛生用品（トイレットペーパ等）<br>・敷物（ビニールシート等）<br>・携帯ラジオ、懐中電灯、乾電池<br>・救急医療薬品類 |

（備考）
①上記品目に加えて、事業継続等の要素も加味し、企業ごとに必要な備蓄品を検討していくことが望ましい。
（例）非常用発電機、燃料（危険物関係法令等により消防署への許可申請等が必要なことから、保管場所・数量に配慮が必要）、工具類、調理器具（携帯用ガスコンロ、鍋等）、副食（缶詰等）、ヘルメット、軍手、自転車、地図

②企業等だけでなく、従業員等自らも備蓄に努める。
（例）非常用食品、ペットボトル入り飲料水、運動靴、常備薬、携帯電話用電源

# 5 停電対策

　災害で停電した場合の事業への影響は大きなものです。生産設備が動かせない、情報システムが使えないなど、電力なしでは、事業の継続が不可能と言えます。事業継続を図る上では、停電対策が不可欠となります。

## 〉 停電時の対応

　BCPでは、電源の確保だけでなく、停電時の対応を考える必要があります。まずは業務に必要な各機器が必要とする電力量を調べておき、あわせて各機器を一定期間機能させるために必要な電力についても想定します。例えば期間を1週間とした場合には、1週間の各機器の消費電力量を調べます。部署ごとの必要電力量も調べておくと良いでしょう。

　次に、優先すべき事業と機器をリストアップします。最低限優先するべき機器には、生産設備、通信機器、情報システム、照明、空調などがあります。事業単位では、最低限必要とされる中核事業と復旧を後回しにしてもよい事業に分けて考えておくと、優先順位をつけやすくなります。

　情報システムは停電時にデータが消失する可能性があるため、日頃からバックアップを取ることが大切です。記憶媒体、外付けストレージ、クラウド等を活用しこまめにバックアップを行うようにルール化しておきます。

## 〉 予備電源

　予備電源を準備しておけば、停電時でもある程度の業務を継続することができます。予備電源には、電力を蓄える「蓄電池」と、電力を作り出す「発電機」の2種類があります。

　蓄電池は充電式電池のことです。電気を使い果たしても充電することで繰り返し利用できます。蓄電池には一般家庭用（スマホ、パソコンなどで利用）と産業用（生産設備や情報システムなどで利用）があり、企業向けは後者です。産業用の蓄電池は小型のものから大型のものまで様々なタイプが市販されています。サイズは必要とされる電力量で決まります。あらかじめ必要な電力

量を算出しておき、それに見合った蓄電池を選定します。

　発電機も様々なタイプのものが市販されています。種類により、それぞれ、メリット、デメリットがあるので、自社の特性に合わせ、選定します。

　メリット、デメリットをそれぞれ補い合えるよう複数の種類を組み合わせることも、費用との兼ね合いもありますが、有効な対策です。

〔**予備電源の種類と特徴**〕

| 分類 | 名称 | 特徴 |
|---|---|---|
| 蓄電池 | 鉛蓄電池 | 使用可能年数：約17年　蓄電可能回数：約3,150回<br>価格：約5万円/kWh |
| | ニッケル水素電池 | 使用可能年数：約5〜7年　蓄電可能回数：約2,000回<br>価格：約10万円/kWh |
| | リチウムイオン電池 | 使用可能年数：約10年　蓄電可能回数：約4,000回<br>価格：約20万円/kWh |
| | NAS電池 | 使用可能年数：約15年　蓄電可能回数：約4,500回<br>価格：約4万円/kWh |
| 発電機 | ディーゼル発電機 | 軽油を利用した発電機で、サイズが小型〜大型まで幅広く揃っている。<br>軽油の保存期間は約6ヶ月で、定期的な買い直しが必要。<br>【メリット】発電効率がよく、燃料単価が安い<br>【デメリット】排気ガスが出るため、環境には良くない |
| | ガソリンエンジン発電機 | ガソリン燃料。小型で持ち運びが可能。<br>【メリット】小回りに優れている<br>【デメリット】災害時にはガソリン供給が乏しく、燃料確保が難しい |
| | LPガス発電機 | 定置式と可搬式があり、LPガスを燃料とする。<br>【メリット】LPガスは長期間の保存が可能で、供給が途絶えるリスクが少ない<br>【デメリット】燃料単価が高く、種類が少ない |
| | 太陽光発電 | 太陽光があれば発電できるが、天候依存なので、他の予備電源と併用が良い。<br>【メリット】ライフラインや燃料が必要なく、環境にも優しい<br>【デメリット】気候や天気によっては電力の安定供給が難しい |

# 6 情報通信網

　今や情報通信ネットワークなしでは、業務が立ちゆかない時代です。災害になって情報通信網がつながらず、途方に暮れないよう、BCP 策定の段階で災害時に必要な通信、通信網確保の対策について、検討しておきましょう。

## ＞ 災害時に必要な通信

　災害が発生したら、まずは、社員や家族の安否確認が必要になります。社内の緊急連絡網（連絡の順番、電話番号、メールなどの連絡先）を BCP の中で、ルール化し作成しておきます。また、災害の被害状況や避難方法、今後の見通しなどの情報を入手することも大切です。会社の本社、支店、工場などが複数の地域に分散している場合には、相互の連絡が可能かも確認します。会社の基幹システムが停止してしまうと、業務ができなくなるため、災害時にシステムが動くか確認する必要があります。システムがネットワークにつながっている場合には、データ通信も正常に機能しているか確認します。その他、社外との連絡も必要になります。仕入先からの部品の供給、出荷先への製品の納入、物流会社への配送依頼などができないと、事業の継続が難しくなります。

　このように、災害時には、社内、社外への連絡、情報収集、システム稼働などの様々な通信が必要になるため、BCP 策定段階で、会社のネットワーク利用状況を把握し、ネットワーク構成図、システム構成図などで、見える化しておくと、対策や復旧作業が円滑にできるようになります。

## ＞ 通信網確保の対策

　社内、社外との連絡、通信には、固定電話網、携帯電話網、インターネット回線、VPN 等専用ネットワークなどが利用されています。いずれもが正常につながっていれば良いのですが、災害によっては、つながりにくい通信網やつながらない通信網も発生します。東日本大震災の際は、電話網がつながりにくい状況が発生しました。携帯からのメールも遅延が生じ、なかなか

連絡が取れませんでした。一方、パソコンを介しての Web 接続の方は情報収集が容易にできました。災害時の通信確保には、システムなどを正常に機能させるためにバックアップ回線の準備も検討しましょう。メインの回線が切断されても、バックアップ回線に切り替わることができれば、システム機能は維持できます。複数の手段を準備することも検討の価値があります。災害時には何といっても情報収集が最優先事項です。

　災害時に強いものとして古くからあり、いまだに根強い支持がある衛星通信あるいは MCA 無線を利用する方法があります。通信キャリアなどが提供しており、通信速度、安定性、費用などの課題はあるものの、災害時に最低限の通信を確保するには、有効なものです。さらに、最低限の業務を継続するという点では、データ回線が使えなくなっても、電話、FAX、郵便等のアナログな通信手段を利用して、業務レベルを落としてでも、業務継続できるように検討、準備しておけば、安心感が増します。

〔災害時の通信網〕

| 災害時に必要な通信 | 【社内】<br>　社員・家族の安否確認、本社・支店・工場との連絡<br>　システムのためのデータ通信　など<br>【社外】<br>　仕入れ先、出荷先、物流会社　など<br>【情報収集】<br>　災害状況、見通し、避難情報、　交通情報　など |
|---|---|
| 通信網確保の対策 | 【準備】<br>　会社のネットワーク利用状況の把握、見える化<br>【通信特性の把握】<br>　災害時のつながりやすさの調査結果（東日本大震災時の東京大学調査から）<br>　携帯（音声）＜固定（音声）＜携帯メール＜携帯 SNS ＜パソコンメール＜パソコン Web<br>【バックアップ回線】<br>　メイン回線とは別に、切替用の回線準備<br>　衛星通信、アナログ通信（電話、FAX, 郵便など） |

# キャッシュ確保

　災害が起こって事業が中断してしまうと売上が激減します。一方で、給与などの支出はしなくてはいけませんし、復旧用に新たに現金が必要になります。災害発生してお金が無くて困らないよう、平常時から現金を確保しておく必要があります。

## ＞ 災害時でもキャッシュは必要

　災害が発生すると事業が中断してしまい、製品やサービスが提供できなくなってしまうので、売上が激減もしくはゼロになってしまいます。また、得意先からの売掛金の回収も思うようにできなくなります。

　一方で、社員への給与、仕入先への買掛金、家賃、光熱費などの支払は、災害時であっても、止めることはできません。加えて、災害復旧のために必要な経費、備蓄で足りない分の食料、水、燃料、破損した設備の補修などの支払をする必要が出てきます。

　収入が減り、支出が増えるので、当然、会社のキャッシュフローはマイナスになります。どんどん、現金が出ていってしまうのです。現金が底をついてしまい、事業継続ができなくなることもあります。せっかく、BCPを作って事業継続できるよう備えていても、現金がないばかりに、計画が破綻してしまうこともあります。BCPの中でキャッシュ、現金の確保をあらかじめ想定して、必要な現金を確保しておくことを明記し、準備しておく必要があるのです。

## ＞ キャッシュの確保

　それでは、どれくらいの現金を確保しておけば良いのでしょう。企業の資金繰りは、通常、1ヶ月単位で回っていきます。給料、家賃、光熱費などは月単位で支払いますし、売掛金や買掛金も月単位で回すことが多いからです。つまり、平常時の支出の1ヶ月分の現金があれば、災害時でも、1ヶ月は事業を継続できます。平常時の支出の1ヶ月分を、BCP策定時に確認しておい

て、現金を用意しておきましょう。

　ただし、災害時には、平常時にはかからない、事業復旧用の費用が新たに必要になります。食料、水、燃料などは備蓄でまかなえれば良いのですが、災害が長引いたり、想定よりも備蓄が不足する場合は、新たに購入しなくてはなりません。破損した設備の補修も必要になります。仕入先や配送ルート、通信、システムなども、平常時とは違う手段を用いざるをえず、費用を増加させる要因になります。こうした事業復旧用の現金もあらかじめ試算しておいて、用意しておきましょう。現金の用意があれば、落ち着いて、事業復旧活動に取り組むことができます。

　BCPとして現金の確保が重要です。あらかじめ金融機関や保険会社と相談して緊急事態に対する必要な措置を研究しておきましょう。今はインターネットバンキングもありますし、暗号資産も準備できます。インターネット機能さえあれば解決できる問題が多くあります。とにかくお金がないと行動が制限されるのは明白です。キャッシュ確保は事業継続に直結し、会社の信用力を増すための備えとして重要課題になります。

**〔災害による事業中断時の収入と支出のイメージ〕**

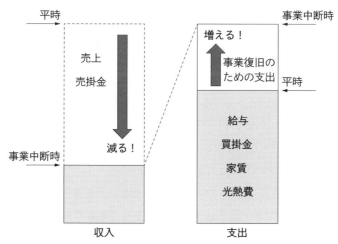

　日本企業の海外進出が進み、海外に現地法人を置くことは、当たり前のことになりました。グローバル規模でのBCPが必要な時代です。

　進出先も欧米の他、中国、東南アジア、インドなど、実に広範囲です。広範囲になればなるほど、日本とは、地理、政治、経済、労働、歴史、文化などの環境が大きく変わります。BCPの想定リスクも変わってきます。電力事情の悪い国では停電のリスクが、治水対策が十分でない国では水害のリスクが高まるでしょう。ハザードマップが十分に整備されていない国も多いです。政治が不安定な国ではテロや暴動、戦争のリスクもあります。従業員のストライキが発生して、業務が継続できない、という事態も想定されます。日本とは大きく環境が変わるため、日本とは異なったリスクも含んだ上で、BCPを策定する必要があります。

　グローバル規模でBCPを策定する場合、日本本社と海外子会社で認識を合わせ役割分担をしておく必要があります。海外子会社にBCP策定を丸投げしてしまうと、なかなか実効性のあるBCPができない事態も生じます。海外子会社は、ヒトなどのリソースが限られるため、BCP策定に時間をかけられなかったり、そもそもBCPの策定方法が分からない可能性があるためです。日本の本社で、まずは全社的視点で全体のBCP、ガイドラインを作成します。海外子会社では、ガイドラインと現地のリスクを考慮し、現地で使えるBCPに作り込んでいきます。どうしても、人が足りない時は、日本本社から応援の人材を派遣することも必要です。完成したBCPは、本社と海外子会社で共有し、お互いに中身をチェックします。災害時でも、グローバルに連携して対処できるよう、訓練やBCPの見直しも必要となります。

　海外子会社を作るときは、コストなどが重視されがちですが、リスクを抑え事業継続ができるBCP的な視点も必要でしょう。そもそもリスクの低い国を選定しておけば、事業継続ができない、という事態の発生を抑えることができるのですから。

Chapter **7**

# 企業と危機管理

# BCP と企業リスク

　企業のビジネスにおけるリスク（以下、「企業リスク」という）として様々なものがリスクとして取り上げられてきました。リスクにまつわる用語として、リスクマネジメント、危機管理、事業継続などがあり、それらの使い分けについて明確に定義されているかといえば、実はそれほど厳格ではなく、使う人の立場や考え方で使われているようです。

　おおまかにいえば、『リスクマネジメント』は対策次第で発生を回避できるリスクを対象とするのに対して『危機管理』は企業努力で発生を回避できないような重大なリスクを対象とするという見方があります。

　『事業継続＝BC』は「想定されている事業中断のリスクに対してすみやかに事業を継続していくか」に重きを置いています。

　BCP はどちらかといえば対象とする企業リスクとして、自然災害、事故・故障、感染症などのハザードリスクに関する取組みに重きをおいて進められてきました。**しかし、ビジネスにおける企業リスクはほかにもあり、戦略リスク、財務リスク、オペレーションリスクに分類されるものも企業の存続を脅かすものとなります**（図参照）。近年ではこうした企業リスクへの対応も企業が将来にわたって生き延び成長するためには、重大な関心を払うとともに事前準備・事後対策を取っておくことがなかば常識として認識されています。

　ビジネスにおける主な企業リスクをここでは、4 つの分類とそれぞれの主要な項目に分けて俯瞰します。

①　**戦略リスク（ビジネス戦略、マーケティング、人事戦略など）**

　　企業経営の基幹的な戦略の選択と経営環境への適合性等に関するもので、海外戦略（M&A や生産拠点など）関係は典型的な事例です。

②　**財務リスク（資産運用、決済、流動性など）**

　　企業財務に関する問題は企業の財務の破綻を招きます。日常的な財務マネジメントが重要となります。企業ガバナンスは典型的な事例です。

③ **ハザードリスク（自然災害、事故・故障、情報システムなど）**

　BCP 策定のきっかけとなる企業リスクです。いうまでもなく事業継続のためには重要な企業リスクとして位置付けられます。

④ **オペレーションリスク（製品・サービス、法務・コンプライアンス、環境など）**

　企業活動の運用面での失態やオペレーション起因のミステイクにより企業の根幹を揺るがす事件が幾度となくマスメディアに登場しています。

**〔ビジネスにおける主な企業リスク〕**

| 分類 | 項目 | リスク |
|---|---|---|
| 戦略リスク | ビジネス戦略 | 新規事業、設備投資、研究開発、生産技術、M&A の失敗 |
| | マーケテイング | 市場ニーズ変化、価格戦略、宣伝広告の失敗 |
| | 人事戦略 | 採用難、離職増、従業員高齢化、賃金制度 |
| | 政治・経済 | 法制改正、貿易摩擦、戦争・紛争、経済危機、景気変動、原材料高騰 |
| | 社会・メディア | 消費者運動、反社会勢力、風評、誹謗中傷、メディア対応の失敗 |
| | 資本・負債 | 信用格付け下落、資金計画失敗 |
| 財務リスク | 資産運用 | 不良債権、貸し倒れ、株価変動、地価・不動産価格下落 |
| | 決済 | 取引先倒産、金利変動、為替変動 |
| | 流動性 | 資金繰り、黒字倒産 |
| ハザードリスク | 自然災害 | 大地震、津波、火山噴火、竜巻、風水害、落雷、天候不良、異常気象、感染症 |
| | 事故・故障 | 火災、爆発、大停電、断水、交通事故、放射線汚染・漏れ、サプライチェーン寸断 |
| | 情報システム | 誤作動、システムダウン、コンピュータウイルス、サイバー攻撃 |
| オペレーションリスク | 製品・サービス | 製品の瑕疵、業務運用ミス、製造物責任、リコール、情報漏洩 |
| | 法務・コンプライアンス | 知的財産権の侵害、独占禁止法・下請法違反、横領・贈収賄、不正取引、役員・従業員の不法行為 |
| | 環境 | 環境規制強化、環境汚染、廃棄物処理 |
| | 労務人事 | 労働災害、安全管理違反、メンタルヘルス、過労死、ハラスメント、労働争議・ストライキ |

# 2　カントリーリスク<br>（戦争、政変、海外サプライチェーン）

　カントリーリスクとは、企業が海外の事業に投資や貿易取引等をする際に、相手国の政治・経済や社会制度・法規制の変化、自然災害、戦争・紛争の勃発等に伴い、経済的損失を被ったり資金を回収できなくなったりする危険性のリスクをいいます。

　国際情勢が不安定化・不確実化が増している昨今、カントリーリスクへの備えの重要性が増しています。代表的なものとして、政権交代による経済・通商政策の変更、急激なインフレや通貨不安、近隣国との戦争勃発やクーデター等の内乱に伴う政治の不安定化、新たな感染症・伝染病等の発生、これらの事態による海外サプライチェーンの寸断や人命の安全性が脅かされるなどがあります。また、表面上には表れなくても法制・税制の解釈・運用の相違、その国独自の商慣習や宗教観の違い、外国企業に対する歴史観などによる国民感情の問題などリスク要因は多種多様です。

　カントリーリスクの要因は、以下のとおり分類することができます。

| | |
|---|---|
| 政治リスク | 政権交代による経済・通商政策の変更や戦争・クーデターの勃発など、政治的な要因によるリスク<br>〔具体例〕<br>・2021 年ミャンマーの軍事政権によるクーデター<br>・2022 年ロシアによるウクライナ侵攻　など |
| 経済リスク | 国際商品市況の不安定化、債券の債務不履行（デフォルト）、急激なインフレ、為替相場の大きな変動など、経済的な要因によるリスク<br>〔具体例〕<br>・2022 年ウクライナ情勢の緊迫化による国際商品市況の高騰<br>・2022 年中国における感染症防疫措置によるサプライチェーンの途絶 |
| 社会リスク | 宗教観や文化の側面、歴史的な国交事情によりテロや紛争、不買運動など社会的な要因によるリスク<br>〔具体例〕<br>・過去の歴史的背景による日本製品の不買運動<br>・宗教的な戒律に基づくムスリム（イスラム教徒）などの「衣」「食」習慣への対応　など |

| | |
|---|---|
| 自然リスク | 世界各国におけるその国特有の自然災害が要因となるリスク<br>〔具体例〕<br>・2011 年日本の東日本大震災<br>・2011 年タイの洪水による大きな経済的損失<br>・近年の地球環境温暖化による異常気象は、世界各国に豪雨、熱波、森林火災、高潮、竜巻などの自然災害を引き起こしている<br>・新型コロナウイルス感染症等の新たな感染症にも注意が必要 |

　こうしたカントリーリスクに遭遇することで、事業計画に支障をきたして経営計画を達成できなくなったり、投資資金や売掛金の回収が困難になったりします。技術的問題や人為的問題で製品・サービスの供給が滞るなどにより、製品・サービスの品質レベルの低下などを招く恐れがあります。

　カントリーリスクへの対応方法として、生産拠点（販売拠点）などのリスク分散、海外取引のための貿易保険への加入、為替変動への対応としての為替予約の実施があります。

〔**多様なカントリーリスクとの遭遇の可能性**〕

| 政治リスク | 経済リスク | 社会リスク | 自然リスク |
|---|---|---|---|
| ・政権交代<br>・経済・通商政策の変更<br>・クーデターの勃発<br>・戦争、紛争の発生など | ・国際商品市況の不安定化<br>・債務不履行（デフォルト）<br>・インフレ、デフレ進行<br>・為替相場変動など | ・宗教観、文化の違い<br>・歴史的な国交事情<br>・テロ活動<br>・不買運動など | ・地震、津波、台風<br>・洪水、熱波、火災<br>・感染症、伝染病<br>・地球温暖化など |

# 3 情報セキュリティリスク

　企業の情報セキュリティリスクというと、これまでは個人情報漏洩などを思い浮かべることが多く、そのリスクの影響の深刻さが限定的でかつ軽視されがちでした。しかし、昨今では、サイバー攻撃という名前で日々ニュースに載らない日が無いほどサイバーセキュリティに関してビジネスへの影響が深刻になってきています。新型コロナウイルス感染症の感染症蔓延に伴う企業のリモートワーク環境への移行、製造業のスマートファクトリー化によるIoT の推進と相まって、年々拡大の度合いを高めています。

　ここでは最近、特にビジネスに影響が大きくなっている情報セキュリティリスクについて記述します。

## ＞ サイバー攻撃

### ①　OS の脆弱性を狙う

　サーバーやパソコンの OS（オペレーティングシステム）には脆弱性の不備を突いた攻撃を実施して防御対策が不十分な場合は、そのサーバーに侵入して管理者権限を搾取してしまいます。リモートワークが多くなっている昨今では OS を通じて侵入されるリスクが大きくなります。

### ②　DOS 攻撃でサービス停止

　DOS（Denial of Service）攻撃とは、企業ホームページなどの Web サイトのサービスを妨害し、サービスの停止や遅滞を招く攻撃のことです。DOS 攻撃により国の行政機関・公的機関も狙われますが、企業も DOS 攻撃を受けるとサービス提供に重大な影響を受けることになります。

### ③　標的型メール攻撃で機能不全

　標的型メール攻撃とは、特定の組織を狙って、機密情報や知的財産、アカウント情報（ID、パスワード）などを搾取する攻撃です。日常よくやり取りする形式の誤認し易いメールを送りつけ、添付ファイルやリンクをクリックさせ、そこからマルウェア（malware）といわれるコンピュータ・

ウイルス、ワーム、スパイウェアなど悪意のあるソフトウエアに感染させて、機密情報の流出やデバイスの乗っ取りなどが行われます。

## > フィッシング詐欺

フィッシング詐欺とは、金融機関や公的機関、著名な企業などになりすましてメールなどを送信し、そのメールの指定された URL に誘導しアクセスすると、偽装された Web サイト上で口座番号、パスワードなどを入力することにより機密情報が搾取され悪用されるという詐欺です。

## > スマホなどの情報セキュリティリスク

身近な情報端末であるスマホや情報端末も、最近ではその中に重要な情報が蓄積されていることから様々な情報セキュリティリスクに晒される危険があります。スマホの盗難・紛失は社内機密情報のほかに写真・映像、顧客との業務上の取引情報も蓄積されるので、情報漏洩によるビジネスリスクが格段に上がっていることに留意する必要があります。

〔**情報セキュリティリスクの分類と具体的な事象**〕

| 分類 | 区分 | 具体的な事象 |
|------|------|------|
| 内部原因 | 過失 | ・情報端末、情報システムの操作誤り<br>・情報セキュリティ機能の欠陥（不正アクセス対策、脆弱性の余地、認証機能不備など）<br>・情報端末、スマホ、データファイル、紙媒体などの紛失や管理不足<br>・外部委託先の管理不足<br>・データや紙媒体、情報端末などの廃棄ミス |
| | 故意 | ・従業員等による犯行<br>・外注業者による犯行<br>・情報端末、スマホ、データファイル、紙媒体などの盗難・横流し |
| 外部原因 | 故意 | ・ウイルス侵入、感染<br>・外部からの不正アクセス<br>・外部からのサイバー攻撃<br>・詐欺サイトへの誘導 |

# 4 レピュテーションリスク（悪評、風評、批判）

　情報が瞬時にかつ広範囲に拡散・伝搬する現在のビジネスシーンにおいては、オペレーションリスクの1つである『**レピュテーションリスク**』への対応が重要性を増してきています。レピュテーションリスクとは、企業に対する悪評、風評、批判などによる企業リスクです。企業に思いもよらない深刻な打撃を与えることがあります。居酒屋チェーン店での従業員の過重労働の実態がSNSを通じて拡散した事例、食材の産地の誤表示などの事例や、巨大アパレル企業の海外における人権差別的な扱いに対する糾弾など、枚挙にいとまがありません。

　1990年代から企業価値の判断要素が多様化して財務指標以外に、知財、ブランド、人材などの無形資産に対する評価が高まりました。また、企業の相次ぐ不祥事や反社会的行動の発現などに対する批判の増加を受けて、売上・利益を優先する姿勢の企業に対して社会的・倫理的観点を重視した経営を志向することが求められてきています。こうした情勢を受け企業には、CSR、SDGs、ESGという観点からの経営姿勢が強く求められており、投資家、金融機関、顧客、行政、従業員などのステークホルダーからの認知や企業イメージ向上等の面で、レピュテーションリスクを企業経営における重要な指標として意識をせざるを得なくなっています。

| CSR 企業の社会的 責任 | SDGs 持続可能な 開発目標 | ESG 環境・社会・ ガバナンス |
| --- | --- | --- |

　SNSやネット掲示板による投稿などの普及により企業に対するネガティブな評価や悪評等の評価はあっという間に拡散され、今や大企業だけではなく中小企業でも大きな影響を受ける時代となっています。

　レピュテーションリスクの種類には、以下のようなものがあります。

| | |
|---|---|
| 製品・サービス・ブランドのリスク | 「経済的価値や品質の高い製品・サービスを提供している企業」、「成長性や収益性が高い企業」という評価が揺るがされるリスク |
| 革新性・リーダーシップのリスク | 「新製品・サービスを先駆けて市場に導入する企業」、「明確なビジョンに基づき、信頼できる組織化された企業」という評価が揺るがされるリスク |
| 社会・ガバナンスのリスク | 「地域社会と環境に配慮した企業」、「オープンで誠実、かつ公正にビジネスを行っている企業」という評価が揺るがされるリスク |
| 職場風土のリスク | 「従業員の意識が高く組織が活性化し、かつ人材を適切に配置・処遇している企業」という評価が揺るがされるリスク |

　上記のレピュテーションリスクのいずれかが顕在化したとき、企業は一見すると些細な出来事であっても、経営破綻につながる大きなダメージを世間あるいはステークホルダーから受ける可能性があります。

　レピュテーションリスクを回避するために、日頃からその原因となる芽を摘むことや発現した時の損失をあらかじめ想定しておくことが大切です。

　対策として、①日頃からの自社情報発信（情報開示、広報活動）、②トップマネジメント～従業員への教育（情報リテラシー、コンプライアンス）、③人物・企業の行動調査（不祥事の火種、不審行動）、④インターネット情報の把握（SNS監視）などに取り組んでおく必要があります。

〔**レピュテーションリスクの原因・損失・対策**〕

| 原因 | | 損失 | | 対策 |
|---|---|---|---|---|
| ・ルール法令違反<br>・経営層、社員の不祥事<br>・消費者等の評価拡散等 |  | ・企業価値、収益の損失<br>・回復コストの発生<br>・業務停止等の行政措置 |  | ・自社の情報発信<br>・経営層・従業員教育<br>・人物、企業の行動把握<br>・インターネット情報の把握 |

# 5　リーガルリスク（法務・コンプライアンス）

　企業が事業活動を行っていくうえで、事業、製品・サービス、顧客・取引先などのステークホルダーとの関係や事業運営において法令や様々な規制の適用に関する認識不足、誤解、無関心ならびにコンプライアンス違反等に起因して財務上の損失や風評被害による重大なダメージを受けることがあります。インターネットや SNS の普及・発展により、企業の法令違反やコンプライアンス違反による不祥事・醜聞等はインターネットを通じてまたたく間に世の中に拡がり、企業の信頼度の低下や企業に対する糾弾は従前に比べて比較にならないほど大きくなっています。こうした企業の存続を脅かすような法的トラブルやコンプライアンス違反などによる企業リスクをリーガルリスク（法務・コンプライアンス）といいます。

　リーガルリスクは取引先との契約上の問題などが典型的なものですが、法律や規制、コンプライアンスに関する事案は多種多様です。民法、商法等の民事関係、刑事事件関係のほかに、労働関係、知的財産関係、環境関係、国際関係など企業活動全般にわたって影響を及ぼします。

　コンプライアンスは「法令遵守」を意味していますが、現在、企業に求められている「コンプライアンス」は、法令遵守にとどまらず、倫理観や公序良俗などの社会的な規範に従って企業活動を行うことまでも期待されています。リーガルリスクは大きく分けると次の 3 つに分類できます。

## ＞ 法令違反リスク

　日本の法律はもとより、外国の法律にも違反しないようにしなければなりません。法令違反を起こすと、企業は従前に比べて大きな制裁を受けることになります（下請法違反、製造物責任法、金融商品取引法違反など）。制裁には、刑事罰、民事罰、行政罰などの法的制裁と先に述べた企業価値を毀損させるリピュテーションリスクによる社会的制裁があります。

## ❯ 契約違反リスク

契約は特定の当事者間のルール違反になります。契約違反は、契約の相手から訴えられるリスクと思われがちですが、現代では契約相手との損害賠償（インターネットビジネスの場合は契約相手が膨大な数となり損害賠償額が甚大に膨らみます）だけでなく、リピュテーションリスクを誘発したり、差し止め請求により業務停止に陥る可能性があります。

## ❯ 権利侵害リスク

権利侵害とは、人（企業）が持っている様々な権利を他者が侵すことです。侵害の対象となる権利はケースによって異なりますが、企業における代表的な権利侵害リスクは知的財産権侵害リスクと人権侵害リスクです。

知的財産権では、特許権、商標権、意匠権、著作権などの侵害による損害賠償の重要性が高く、海外企業との間での訴訟のケースでは極めて大きい損害賠償額に達して企業経営に多大な影響を与えます。人権侵害では、SDGs（持続可能な開発目標）において『全ての人々の人権・ジェンダー平等などに配慮した豊かな社会の実現』への取組みが示されており、企業の人権に対する責任が一層強化されてきています。

現代の企業経営においては、以下に示す企業が尊重すべき権利侵害分野等のリスクにも十分留意する必要があるでしょう。

**〔企業が尊重すべき権利侵害分野での主なリスク〕**

| 分類 | 主な内容 |
|---|---|
| 労働 | 不払賃金、過重労働、労働安全衛生 |
| ハラスメント | パワハラ、セクハラ、マタハラ |
| 自由 | 居住、結社、プライバシー、表現 |
| 人権 | 差別、強制労働、児童労働、外国人労働者、ジェンダー、社会保障 |
| ビジネス | テクノロジー、サプライチェーン、知的財産、賄賂・腐敗 |

# 6 環境関連リスク

　環境リスクとは、広い解釈では人や企業の活動により生じた環境汚染や環境負荷が原因となり、人の健康や地球全体の生態系に影響を及ぼす可能性をいいます。ここでの環境リスクの解釈として企業リスクの観点から見ると、企業活動による環境破壊や環境汚染などが主要なテーマとなります。

　具体的な例として、水俣病は化学工場の工場排水に含まれていたメチル水銀化合物に汚染された魚介類を長期間にわたって食べた流域住民がやがて人体に神経系疾患による著しい障害を患うことになった環境汚染の事件です。環境リスクによる被害の代表的なものといえるでしょう。

　二酸化炭素による大気汚染、船舶の事故や石油・化学物質などによる海洋や生活環境の汚染は、地球環境の温暖化をはじめ、生態系や生活環境に極めて大きな影響を及ぼします。消費者の環境意識の高まりやグリーン購入・調達やESG投資の進展などと相まって企業が環境関連リスクに配慮せずに事業継続を果たすことは難しい世界情勢になってきています。

　企業を取り巻く環境問題とリスクは以下のように分類できます。

## ＞ 地球環境問題

　地球温暖化、オゾン層破壊、酸性雨など地球全体に影響を与える環境問題です。地球温暖化は人為的な活動の中で増えすぎた温室効果ガスの影響により地球全体の気温が上昇する現象です。環境問題のなかでは最も広範囲に及びかつ深刻な環境問題です。

## ＞ 環境汚染問題

　環境汚染は①大気汚染、②水質汚染、③土壌汚染などに分類されます。①大気汚染は石油コンビナートの開発による四日市ぜん息の被害、②水質汚染は水俣病やイタイイタイ病の公害病の被害、③土壌汚染では六価クロムによる土壌汚損や鉱毒による被害などが世の中に知られています。

## 地盤沈下・騒音等の生活環境問題

　地盤沈下・騒音などの環境問題は、社会生活を営んでいる住民等に与える生活環境の問題として近年クローズアップされている社会問題です。地下水の汲上げや地下道、地下鉄のトンネル工事による住宅居住地陥没の問題や、工事現場・車の騒音・振動等の騒音が問題となっています。

## 有害廃棄物廃棄問題

　有害廃棄物問題は、人体に危険をもたらす化学物質のアスベスト（石綿）、ダイオキシン（ポリ塩化ビフェニール）などが不適切な廃棄処理方法によって人体に影響を与える問題です。アスベスト被害やごみ焼却施設が主な発生源となるダイオキシン被害も環境問題として取り上げられています。

## 生物・生態系破壊問題

　森林の伐採、道路・ダム開発や干拓事業によって野生動物・植物・微生物・も類・魚介類などを絶滅に追い込んだり、生物の多様性を喪失させる行為は生物・生態系破壊問題を引き起こします。地球の歴史的な歩みを阻害するこの問題の範囲は広くかつ奥深いものといえます。


　以上のように、企業を取り巻く環境は非常に多くの問題をはらんでいます。気づかないうちに企業の存亡を左右する因子とならないよう、地球市民の一員として環境リスクに常に目を向けておく必要があります。

〔**企業を取り巻く環境問題とリスク**〕

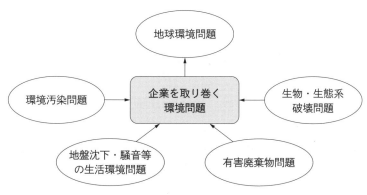

# 7　安全衛生管理

　企業が事業継続を可能とするためには、人、モノ、金、情報などの経営資産（資源）のいずれも欠くことができません。その中の『人』は人財（＝人材）とも呼ばれるように最も貴重で大切な経営資産です。労働者（従業員や協力会社の方々）が職場においてその能力を存分に発揮するためには、職場の安全・衛生の環境を確保する必要があります。労働者が安全にかつ健康で働ける職場を作るのは事業者の責務であり、労働安全衛生法でも「安全配慮義務」として明記されています。

　「安全配慮義務」とは労働者が事業者の指示のもとに労務を提供する過程において、労働者の生命や身体、健康を危険から保護するように十分配慮する事業者の義務です。この義務を果たさず労働災害を発生させた場合には、債務不履行に基づく民事上の損害賠償の責任等のリスクが発生します。それだけではなく重大な事故が職場内で発生したり、労働者が長期間にわたり職場を離脱するような健康被害などが発生すれば、キーパーソンである人材の欠如により事業が立ち行かなる事態の発生も危惧されます。

　職場がこのような事態に陥らないためには、職場のリスク要因をあらかじめ把握して事前に対策を講じておくことが肝要です。これには自然災害等に対するBCP策定に活用したリスクアセスメントの考え方や手法が役に立ちます。自然災害のBCPでも、自社にとって重要なリスクを選択して効果的な事業継続計画を策定しました。職場の場合も、職場ごとにリスクは異なりますので、それぞれの職場に合った適切な手順・方法で対策を実施することが求められることになります。

　厚生労働省・中央労働災害防止協会が提唱する「職場のリスクアセスメント」が示す基本的な手順は以下のとおりです。

## ＞　危険性又は有害性の特定

　職場における危険性又は有害性とは、労働者に負傷や疾病をもたらす物、

状況のことで、作業者が接近することにより危険な状況が発生することが想定されるものをいいます。機械・設備・原材料・作業行動や環境などについてそうした危険性又は有害性を特定することからスタートします。

## ＞ 危険性又は有害性ごとのリスク見積り

職場における特定した全ての危険性又は有害性についてリスクの見積りを行います。労災の発生確率や労災による負傷の重さ等を想定してリスクの大きさを見積もります。このとき、リスクの程度を数値化しておくと対策の順位付けがやりやすくなります。

## ＞ リスク低減のための優先度の設定・リスク低減措置内容の検討

自社の事業特性を踏まえて、特定した危険性又は有害性についてのリスクに対する優先度を決めてリスク低減のための措置を決定していきます。

法令で定められている措置がある場合は法令に従う必要があります。

## ＞ リスク低減措置の実施

リスクに応じた優先度の設定に基づき、リスク除去や低減措置を計画的に実施していきます。なお、リスクアセスメントの結果や低減措置については記録として保管し、次回見直しに反映させます。

職場におけるリスクアセスメントと低減措置は日常的に PDCA サイクルを回して、常に職場からリスク要因を除去していくことが肝要です。

〔職場におけるリスクアセスメントの手順〕

| STEP 1 | 危険性又は有害性の特定 |
|---|---|

↓

| STEP 2 | 危険性又は有害性ごとのリスクの見積り |
|---|---|

↓

| STEP 3 | リスク低減のための優先度の設定・リスク低減措置内容の検討 |
|---|---|

↓

| STEP 4 | リスクの低減措置の実施 |
|---|---|

# リスクマネジメントとは何か

　リスクマネジメントのルーツは古代オリエントにあるといわれています。また、1900年代には保険会社型など経営管理の手法としていくつかの展開があり発展し始めました。本格的な脚光を浴びたのはアメリカで制定された通称SOX法に基づき企業が経営改革を迫られたことによります。2001年アメリカのエンロン破綻以降、次々と企業不祥事が起こりコーポレートガバナンス（企業統治）の考えが浸透し、厳しい罰則も制定されました。日本では、2006年の会社法の施行において株式会社では「損失の危険の管理に関する体制」の整備が要求され、2008年度から日本版SOX法が施行され、財務においてリスク管理体制の整備が求められました。2009年にはISO31000としてガイドラインが発行され以降世界中でその考えがとりこまれています。2011年の東北大震災以降にはBCPの議論と合わせて浸透してきました。

　それでは「リスク」という言葉を改めて考えます。辞書では危険、恐れ、被保険者という意味を持ちます。本書では立場上経営に関するリスクに限定して考えていますが、リスクマネジメントでは将来的に起こり得るリスクを想定し、リスクが起こった場合の損害を最小限に抑えるための対応です。和文表記は危機管理（ききかんり）となっています。ISO規格での「リスクマネジメント」では利用に分野の制限はありません。利用に関しては単なるガイドラインとして紹介しISO認証の対象となっていないのです。リスクによる損失を低下させるための分析手段（30種以上）、手順などを紹介しています。一方JISの定義では「リスクについて、組織を指揮統制するための調整された活動」です。内容を見ると事前にリスクを回避するための措置と、起こった際の対応との2つの側面を持ちます。

　BCPとリスクマネジメントは似たような概念で共通する部分も多いのですが、リスクマネジメントは広い概念で、BCPはその一環であると考える

と理解しやすくなります。BCP とリスクマネジメントはともに自然発生的にうまれた概念です。経営する上には必須の考え方のため、どちらが先とかどちらが重要だとかという話ではありません。両方ともつまるところ危機対応です。「管理する」とは目標があってそれを達成するための手段を明確にして PDCA サイクルを回すことです。自然発生的に生まれてきたとはいえ、手法がどちらも似通っているのは不思議ではありません。

## ＞ リスクマネジメントとは

リスクマネジメントとは、企業の価値を維持・増大していくために、企業が経営を行っていく上で障壁となるリスク及びそのリスクが及ぼす影響を正確に把握し、事前に対策を講じることで危機発生を回避し、また危機発生時の損失を極小化するための経営管理手法となります。

従来から企業が意思決定を行う際には必ずリスクマネジメントを行っています。最近はエンロンの不祥事にみられるように、業務の複雑化、アウトソーシング化、外注管理、従業員の法令違反、品質管理問題など企業の経営をゆるがす多種多様なリスクが顕在化しました。10 年前よりも重要性が増しており、リスクマネジメントを積極的に行うことが求められています。今はどの会社でもリスクマネジメントに対する意識の高まりがありコンプライアンスの問題も含め経営の透明性を強く意識しています。より高度なリスクマネジメントを行うところが増えてきました。これに伴い、従来の危機管理部門を発展させて、リスクマネジメントに特化した専門部署を置くところも多くなっています。ただ中小企業は「担当部署なし」がいまだに半分以下という結果もあり、中小企業においてはリスク管理体制が十分に整っていない様子が窺えます。**担当部署を設置することが今後の課題**となっている企業も多いのです。

# 2　リスクマネジメントの進め方

　リスクマネジメントの進め方のため「国際規格 ISO31000：2009」が標準的なリスクマネジメントのプロセスを明らかにしています。ISO の要求事項は非常に膨大ですので、本書でその全貌を説明するのは不可能ですが、具体的な流れを理解することにより、今後の企業活動に役立てていただきたく思います。

## ＞　「ISO31000：2009」にみる具体的なリスクマネジメントプロセス

　その管理方法としてその順序は簡単にまとめると次のとおりです。

---

1　企業の事業目的に関連して全てのリスク要因を洗い出す。

2　リスクを基準ガイドに基づいて重要性の算定をする。

3　算定に基づき評価をする（大中小などというランク付け）。

4　優先順位をつけそれにみあった対策を考える。

5　検討した対策を実施する（一連の行動はこれで終了）。

6　対策実施後の残留リスクを評価する。

7　リスクへの対応方針及び対策のモニタリングと是正を継続する。

8　リスクマネジメント自体の有効性評価と是正措置を行う。

---

　ISO の特徴的なことは、この一連の基本的なプロセスにおいて、以下の5点の行動を重視している点です。各項目は ISO の指摘する重要なポイントであり、テキストに具体的なガイドが説明されています。一般的な指南本やインターネット上でも詳しく解説されています。

---

1　ステークホルダーとのコミュニケーション及び協議

2　組織の状況の確定

3　リスクアセスメント（リスク特定・リスク分析・リスク評価）

---

4　リスク対応

5　モニタリング及びレビュー

　特に把握しておきたいのは、「リスクの評価方法」と「対応方法」にありますので後の項目で解説します。


　ISO においては、特に 1 の「ステークホルダーとのコミュニケーション及び協議」が特徴的です。**ステークホルダーとの対話と情報共有なくして、企業によるリスクマネジメントは不可能**と考えているのです。結局企業を絶対的な安全状況におくにはステークホルダーの承認が必要であると言っているようなものです。ISO は「リスク管理の仕組み」を審査しています。認証をとることでリスク管理ができているお墨付きを獲得できるわけではありません。「この企業はリスク管理をする意思があります」としているだけです。ステークホルダーとの会話を含めることで ISO の弱点をカバーしようというのが最近の ISO 規格の傾向になっています。

　したがって、筆者は ISO が全てとは考えていません。**BCP で真に重要なのは仕組みを持つことと「経営陣と従業員のコミュニケーション」**です。

　リスクマネジメントを行う企業の体制は先の項でも述べたように、専門部署をもって管理していくスタイルが増えつつあります。しかし ISO 認証まで取る企業は多くありません。理由としては企業にとって ISO の要求を満たすハードルが高いことと、殆どのリスクは事前の調査・分析により影響を予測でき、リスク回避や低減が可能であるからです。企業経営に対するリスク管理は ISO を持とうが持つまいがやらなければならないことです。大企業は組織が複雑になりこのような仕組みを利用する価値がありますが、中小企業にとって費用をかけてまで認証をとる必要性は現実的には小さくなります。

# 3 リスクアセスメントの勧め

　リスクという言葉は「危険」「危機」の意味で用いられることが一般的です。そもそも企業活動を行っている以上、企業にはリスクがつきもので それに対応するのが経営といえます。企業におけるリスクは、その意味では「企業に好ましくない事象で、起こる可能性のある不確実性なもの」です。ただ漠然とした「危険」、「危機」というだけでは行動できません。関係者が認識している全てのリスクを洗い出して事前の調査・分析することによって、その影響を予測することが次の重要なステップになります。

　リスクマネジメントの仕事はこうして予測されたリスクを正しく評価して重要なリスクを回避、低減、ときにはリスクテイクすることです。ポイントとなるのはそれらを定量的又は定性的に評価を下すことです。それを**リスクアセスメント**といいます。

## ＞ リスクアセスメントとは

　**リスクの特定、リスク分析及びリスク評価をするプロセス**を指しています。その評価方法は「リスクの発生確率」及び「リスクが顕在化した場合の企業への影響度」という２つの軸で、企業にとっての重要度を算定します。そして「リスク発生確率」×「発生時の影響金額」を数値化してリスト化し、大きい値から優先的に対応することになります。リスクアセスメントは、ステークホルダー（株主、金融機関、協力会社、顧客、従業員など）の知識と見解を活かし、体系的、協力的、反復的に行います。

　発生確率と影響金額は数値化しにくい項目ではありますが、社内で一定のルールを決めて情報の精度を上げる努力が必要です。総合的に点数をつけ、優先順位を決めることが大事な点です。このプロセスを経ることで全社員の納得性を高められます。この２つの軸について定量評価が困難であれば、定性評価により「大」「中」「小」に区分するような方法もとれます。優先順を決めるための基準に消費者や取引先への影響度、社会的信用への影響度など

も考慮するなどの工夫も考えられます。とにかく**発生確率と企業への影響度を基準に比較したリスクマップを作成し**事業に関わるリスクを整理するわけです。リスク対応に走る前に最重要なリスクを選定し、優先順位によって対応します。これがリスク評価です。挙げられたリスクを上位から見直していてはリスク対策が後手となるリスクも出ますが、その時の事情に合わせて修正することができます。

このような手法は、定期的に行う必要があります。そして、時には問題が発生した時点で評価して優先順位を決める手段としても有効に機能します。要するに平常時から展開する体制を形成して訓練を行っておくことで、非常事態にもスムーズに動ける体制が取れます。災害時にはこのようにして決めた優先順位に従って順に対処していくことにもなります。

こうしてみるとリスクアセスメントは BCP だけに使えるフレームワークではなく、情報システムの脅威、労働安全管理、品質管理など応用範囲は広く存在すると理解できます。企業風土に根付かせたいシステムです。

### ＞ リスクヘッジ

一般にリスクを認識すると「危険を避ける行動」にでます。その１つにリスクヘッジがあります。例えば不慮の事態に備えて保険に入ることはリスクヘッジの一種ですし、株式や外国為替の世界で分散投資することもヘッジです。これは「リスクマネジメントには必要」なことですが、リスクはヘッジしても小さくなるわけではありません。リスクアセスメントによってリスクを評価することと、何らかの対策・工夫を行うヘッジはよく混同されますが、ヘッジしてしまうとリスクが軽減されてしまうようにみえて評価の目を曇らせてしまうので注意が必要です。

# 4 リスク管理の4つの解決策

リスクアセスメントで対応するべきリスクが特定されると、それに対する対策が必要となります。リスク対策というのはリスクによって違いがあり、同じリスクに対しても複数の解決策があります。リスクに対する対応策についてのISOの見解は後述しますが、一般論に終始して大変理解しにくいものです。結局関係者全員で自社にあった対応策を作らなければなりません。

リスク対策は考えすぎてしまうと気の遠くなるような作業にみえてしまいがちです。しかし現実的には企業として打てる手は多くありません。多くのリスクはそれを特定した段階で対策は決まります。例えば重要な設備が壊れてしまうリスクが出たとします。壊れる理由は様々なので、その設備停止が致命的なリスクという事であれば、原因を分析して起きないようにお金をかけるより、予備機を持っておく方が安心ということになるでしょう。結局費用対効果を考慮すると選択肢はさほどないことがわかってくるはずです。

基本的な考え方としてアセスメントでリスクの内容が確認されたならば、「発生確率を下げる」あるいは「発生した時の被害額を下げる」ためには何をするべきか？　できることは何か？　を考えていくことになります。

実のところできることは**「リスクゼロにする」「発生確率を低減する」「発生した時の被害を小さくする」「リスクを他社と共有する」の4分類しかありません**。それでもリスクがなくならなければ、「保険をかけて損失補填を考える」か「リスクを許容する」ということになります。

どんなに備えてもリスクが残るということは、工場を2か所もつ、サーバーを2か所に保有する、仕入れ先を2社にするなど典型的な2重化策をとらざるを得ません。また「津波」というリスクでは10mを越える大津波と3mの津波ではリスクヘッジのかけ方が違うのは明らかです。3m程度の津波には対策するが、10m以上の津波が来た時にはあきらめると決めておく

などの考え方は必要になります。

　リスク特定されリスク評価後のリスク対応の種類は ISO ではリスクコントロールとリスクファイナンスの２つの手法があり、さらに６つに細分化されるとされています。

| リスク回避<br>(Risk avoidance)<br>ゼロリスク化 | 回避<br>リスクのある活動を実施しない | ・工場を移転する<br>・該当製品の製造停止<br>・該当部品/該当方法をやめる |
|---|---|---|
| リスク低減<br>(Risk reduction)<br>適正化 | リスクの発生率を下げる<br>影響を下げる<br>分散分離 | ・原材料を変える<br>・在庫を増やす<br>・倉庫を２つもつ<br>・外注を増やす |
| リスク移転<br>(Risk sharing) | リスクを他者に移転<br>他者と分割する | ・アウトソーシング<br>・保険かける<br>・他事業者と分配する |
| リスク保有<br>(Risk retention)<br>受け入れる | 移転 | ・被害（保険対象外）、保険補償額を超える損害を許容する |

　リスクを他者に移転することの善し悪しの議論はありますが、例えば、情報システムのリスクを考えた時に自社でサーバーを保有するよりも、Amazon のサーバーに大事な情報を置く方が安全である場合もあります。何もかも自前でないとだめということはなく、どう考えても他社の方が安全であるという事であればそれを利用するのは立派なリスク回避です。

# 5 リスク管理の事例 BIA

BCP に適合させるリスク管理の手法としてビジネスインパクト分析（BIA：Business Impact Analysis）手法が存在します。事業を構成する個々の業務が災害など不測の事態によって停止・中断した際の影響を分析することを指しています。ビジネスインパクト分析はビジネスに対するインパクトに焦点を当てている点で BCP を計画する前に行っておくべき分析と位置付けられています。

BIA とは、災害による被害について以下を分析することです。

---

- ・　業務中断による事業への影響
- ・　業務復旧・継続の優先順位
- ・　目標復旧時間（RTO）・目標復旧レベル（RLO）
- ・　業務に要する資源（人、金、物、情報など）

---

上記を明らかにすることで、被災時の復旧の手順や方法を考えられるようになります。**BIA の最大目的は危機発生時に、何からどのように取り組むべきかを示すことにあります。**発生時点以降の行動を注意深く洞察している点が特徴的です。BCP においても重要視されていますが、さらに踏み込んで、重要行動事項を洗い出し基幹的業務の許容停止時間、目標復旧時間設定、それに必要なリソースを明らかにしています。危機発生時に必要なリソースが集まらない可能性も踏まえています。不足しているリソースの洗い出し方や手当の仕方にも言及している実用性を持っています。

## リスクの洗い出しと優先順位の決定

最初に行う内容は、自社に対して考えられるあらゆるリスクの洗い出しです。対応するべきリスクの評価をして優先順を決めるという意味では今までのべたリスクアセスメントと変わりません。

BCP に使うためにビジネスのインパクト度合いを作業内容まで含めている点が一般的なリスクマネジメント手法と差があります。

　BCP には緊急事態発生時に事業に最も影響ある業務から復旧させるというコンセプトがあります。いち早く復旧させたいわけですから、許容できる業務停止時間と復旧見込み時間をいち早く算定することが鍵になります。そのうえでリソースの明確化、消費者や取引先への影響度、社会的信用への影響度など考慮します。この分析はあらかじめ予想する際に使うものですが、災害時にもすぐに活用できるように重要業務を俯瞰できるシートにまとめてリスト化しておきます。こうしてあらかじめ決めた優先順位に従って順に対処していくことになります。

　この中で鍵になるのは自社の優先業務が何であるのか明確にするだけでなく、その業務自体をしっかりと把握したうえで、遂行に最低限必要なリソースを洗い出すことです。すなわち**自社業務が何かではなくどうやって成立しているのかまで明確にしておかなくてはならない点が重要**です。必要な経営資源を具体的に把握しなければならないことが、一般的なリスク分析とは大きな相違点です。事前に分析できていることにより事前の対策がより現実的に行動できます。また、情報システムの重要性にも踏み込んでいるため、BCP において必須の分析であるといわれています。

　たとえば IT システムに対するリスク・脅威としては、地震や風水害などの自然災害のほか、火災、停電、通信ネットワーク障害、テロ攻撃や妨害行為、犯罪、操作ミス、機器故障、ソフトウェアエラー、コンピュータ・ウイルス／ワームの感染、情報漏洩、担当者の病気、ベンダの倒産などが挙げられます。色々なビジネスシーンが想定できます。BIA の考え方は広く応用できる内容であることがわかります。

# 危機管理プログラムの位置付け

　ここでは危機管理プログラムを詳解します。危機管理プログラムには（1）不祥事/業務ミス編・（2）事故編・（3）災害編など色々な種類があります。意味合いとしては危機発生時における初期対応です。

　危機管理プログラムとBCPの最終的な目標（ゴール）は同じです。こういうと混乱をする読者の方もいらっしゃるかもしれません。

　ここでは、危機管理プログラム、BCP、ほかの似たような施策を比較して整理します。一覧表にして相違点を示した上で、危機管理プログラムのポイントを示します。

| 項目 | 対象と内容（不祥事、事故、自然災害） |
|---|---|
| リスク管理 | リスクの洗い出しと主要な対策案をもって管理する。手順にはISO13000という一定の標準があるが、幅広いジャンルに適応している反面、焦点が絞れず総花的な内容になりやすい。 |
| BCP 事業継続力 | 事業継続に焦点を当てている。国際規格 ISO 22301 に基づく BCMS（事業継続マネジメントシステム）認証制度がある上に政府や自治体から多くのガイドラインがでている。多分に自然災害への対策を意識している。リスク管理の一部といえる。 |
| 危機管理 プログラム | 作り方に明確な定義がないが、一般的に危機状態が発生してから一定の復旧状態になるまでの指針とする。幅広く応用されている。対象とする危機は広くとらえられているが、欧米ではテロや犯罪に巻き込まれるケースからプログラム作りが盛んになってきた。 |
| BIA → Part 2 参照 | BUSINESS INPACT に焦点を当てたリスク分析手法。定量評価を重視している。従来自然災害に焦点をあてた分析が多いが、考え方は広く応用可能である。現場作業の分析を緻密にして、危機発生時にいち早く経営資源の確保につなげるところに特徴がある。 |
| 防災体制 | 自然災害に対する防衛体制を指すことが多い。歴史的には消防署の要請から始まってきたが、模範となるような全国的な統一基準はなく、地方の行政や各種団体が自分のスタイルで作り上げている。防災といっても災害の被害を少なくする準備と発生後の復旧対応が主である。 |

　危機管理プログラムは上記の施策全てに関係しているといえます。たとえば台風被害を考えた時に被害を受ける前にできる限りの準備をしておくこと

と、被害を受けた時にいち早く復旧をするためにどうするのかをマニュアル化しておくことが危機管理として求められます。その点はリスク管理、BCP、BIA、防災対応と共通しています。

　従来、多くの団体が古くから防災体制の整備をとっており危機管理対策はここに含まれているケースが一般的です。しかし2011年の東北大震災の教訓をきっかけにして、ただの防災だけでなく、テロ対策、伝染病、食の安全など様々な危機に包括的に対処する新しい考え方がでてきました。そのため従来の防災組織を変化させ専門部署（危機管理部など）創設する動きも出ています。ところが危機管理プログラムは成立の経緯から各企業や自治体でも方向性がまちまちで独自の組織体制で管理されています。したがって、いざ問題が発生したときに企業全体の整合性がとれていないという潜在課題があります。その対策として専門部署を創設して役割機能を明確にしなければなりません。次項以降ではさらに詳しく説明します。

# 危機管理プログラムと組織づくり

　BCP 同様、危機管理プログラムを現実的なものにするには、組織化が重要になります。危機というのは増えることがあってもなくなることは絶対にありません。常に新しい情報を入手して組織的に行動を継続することが必要です。多くの企業で危機管理機能を創設するケースが多くなってきました。その部門が取り組まなければならない内容を整理しました。

| 組織の役割 | 内容 |
|---|---|
| 内部統制関係 | 総務、財務・会計、人事・教育 |
| 危機政策立案 | 政策企画研究開発、関連情報や現場の声収集<br>新しいプログラムづくり |
| 危機情報対策 | 情報発信の窓口、現場情報、周辺情報収集<br>通信手段を確保する責任部門<br>地域・協力業者とのコミュニケーション |
| 危機対策本部 | 予防活動と危機発生時の実働部隊、<br>プログラム維持管理、設備・装備の管理<br>消防保安健康医療担当 |

　Chapter1 で述べた点をさらに明示的に説明します。上記は想定外に起きてしまった危機を最小限に食い止めるための組織づくりです。危機管理プログラムのためには BCP の組織づくりに含めておくことが必要です。上記に記載した点は危機管理プログラムを有効に機能させるために必要で、統制の取れたレベルまでに基礎固めをしなければなりません。

　平時からの備えのため次の課題があります

　・平時からの不確実性（有事のレジリエンス）への備え

　・当事者意識の浸透と実践訓練の工夫

　危機管理プログラムはリスクマネジメントの一環として作成します。リスクに防御策を立てても非常事態は起こります。全社的リスクマネジメントに

おいて非常事態における実務レベルで直面する課題は「危機管理プログラム」の有無です。危機管理プログラムがないのは別として、持っていても機能しないことが現実におこっています。

　危機管理プログラムはなぜ機能しなかったか？　については、こうした問題課題に戦略的に取り組んでいなかったことに起因します。内部統制のシステムがあっても社内で不祥事が起こるでしょう。予想がつくリスクをリスクヘッジしていても起きてしまったら危機管理プログラムで対応しなければなりません。そして、危機管理プログラムの出来いかんで非常事態において無用な混乱や失態が発生し平常状態に戻すのが遅くなるだけでなく企業イメージの低下を招きます。**危機などが起きたことがない会社にしっかりとした危機管理プログラムを持てというほうが考えてみれば無理な話です。**

　専門部署を創設する目的は、企業が対応するべきリスクが減ることがないことや、すでに作成したプログラムが陳腐化することにあります。海外法人の不祥事、情報セキュリティのリスクなど新手のリスク発生、人手不足や予算不足もありリスク分析やコントロールに十分な時間がかけられないという実態はどの企業でもあります。未経験の課題が次から次に出てきます。組織的に新しい課題を解決していかないと追いつかなくなるわけです。こういった構造を抱えている問題であることを前提にしたうえで、「危機管理プログラム」の有効性を支えているのは「社内情報網（風通しのいい組織づくり）」であることの理解が必要です。

# ③ プログラム作成のポイント

　危機管理プログラムは一般的なリスク管理の中でも危機が発生してから混乱が収まったレベルまでをカバーするガイドになります。本項では❷で述べた組織が何をする組織かという点を示します。Chapter1 にて「情報発信」について強調しました。危機的状態にある中での情報発信は最も難しいものです。慌しい中でも落ち着いて行動しなければなりません。

〔**危機管理プログラムの大筋**〕

| |
|---|
| ①　危機発生 |
| ②　緊急対応プログラムを発動するかどうかの意思決定 |
| ③　対策本部招集 |
| ④　事実関係の把握 |
| ⑤　復旧方針の決定 |
| ⑥　役割分担の確定 |
| ⑦　行動 → 報告 → 情報発信 |
| ⑧　終了宣言（緊急組織の解散）→残務引継ぎ |

　対象課題として、リスク管理系（内部統制、防災・危機管理、危機管理広報、BCP）、法務管理系（コンプライアンス、情報公開・個人情報保護）、労務管理、ハラスメント、業務改善、防災、不祥事、ミス、などのテーマで統率が取れた行動が要求されます。

　どの場合でも大筋は変わりません。上記を俯瞰してみた時に重要なポイントは④、⑦にあります。この部分の具体的な行動基準やマニュアルが事前に準備できているかどうかが勝負の分かれ道になります。

　まず、危機発生時に④の事実関係の把握ができなくては次の一手を打てません。把握するべき事実関係には次のようなものがあります。

| チェック項目 | 内容 |
|---|---|
| ライフライン | 電気・ガス・水道・排水 |
| 情報通信 | 電話・インターネット・社内外通信網 |
| 鉄道や道路 | 通行止め・運航不能など |
| 従業員など関係者 | 安否確認・出勤可否、当事者・関係者 |
| 社屋・工場・設備 | 倒壊・半壊・破損・故障 |
| 資材・原材料 | 在庫・仕入・配送 |
| 資金関係 | 資金管理・金融機関との連絡 |

　そして⑦の行動をするためには自社の方針をあらかじめ決めておき、非常時に誰がどのように情報を取得して誰と連絡をとるか共有化しておかないと役に立ちません（本書を参考にして方針を決めてください）。初動部隊は小さいほうが小回りが利く場合もあります。危機管理プログラムについては通常のリスク管理以上に「誰が行動する」のか決めておくことがポイントです。インターネットで調べれば多くの標準やガイドラインがでてくるので参考にできます。また、マスコミ対策など社外専門家のアドバイスを受けることも必要となります。

〔**初動部隊・対策本部の設置**〕

| チェック項目 | 内容 |
|---|---|
| 本部 | 本部長以下情報集約と作戦司令 |
| 現場担当 | 現地確認、原因究明、復旧実務 |
| 情報担当 | 社内外の通信網確保、情報発信担当 |
| 社外担当 | 自治体や関連会社との調整 |
| その他 | 必要な実務の予備要員 |

# 4 危機管理と教育研修

　効果的な危機管理プログラムの作成と普及の基盤は危機管理教育にあります。まずは組織づくりを行い、リスク管理、BIA に基づき体系を整えれば、次に大切にするべき点は危機管理教育です。

　社内には自社の戦略実現に必要ないろいろな教育研修のコースが用意されていると思います。教育研修といえば、OJT、Off-JT を通して目的を達成するわけですが、特に中小企業においては特別に時間や場所を取って行う教育は簡単ではありません。危機管理教育に関しては準備できないところが大半でしょう。自社で整備するのは大変ですが、日本に未だに体系だった危機管理教育プログラムは存在していないため、社外教育を気軽に受けることもできません。結局企業の実情に応じた教育研修体系を一から作るつもりで動かなければなりません。

　なお、リスク管理教育は海外の方が進んでいます。例えばアメリカでは、米国連邦危機管理庁の公式教育訓練プログラムなども存在しています。しかし、中小企業にとってはアメリカで整備されているレベルプログラムは必要ありません。現状のリスク管理プログラムを強固にするだけでも実用的なレベルとなります。そのため、本書で解説する危機管理プログラムは BCP に転用できる実用的な内容をピックアップしています。

　本格的なレベルを目指す企業は海外の事例をもとにして自社の現状に合わせた独自活動が必要になります。

　企業にとっての避けられない想定外の危機となる自然災害と企業内不祥事の対応は異なります。しかし共通項も多く存在しますので、危機管理プログラムは統一フォーマットを使い同じ組織でコントロールするケースが多いようです。想定外に起きてしまった危機を最小限にくいとめるために準備する

ためには、専門部署を設定しておく方が業務の効率化が図れレスポンスも速くなるでしょう。

　特に事業継続力という意味においては重要な位置を占める施策です。

　教育研修の進め方は以下のとおりシンプルです。

**〔教育研修の進め方〕**

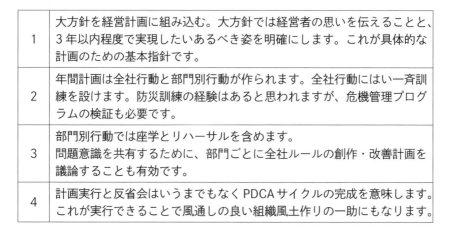

1　経営計画において大方針を決定

2　担当部門が年間計画を作成（OJT、Off-JT のプラン）

3　計画実行と反省会

4　次年度への引き継ぎ内容決定

上記で重要なポイントはそれぞれ以下のとおりです。

| | |
|---|---|
| 1 | 大方針を経営計画に組み込む。大方針では経営者の思いを伝えることと、3年以内程度で実現したいあるべき姿を明確にします。これが具体的な計画のための基本指針です。 |
| 2 | 年間計画は全社行動と部門別行動が作られます。全社行動にはい一斉訓練を設けます。防災訓練の経験はあると思われますが、危機管理プログラムの検証も必要です。 |
| 3 | 部門別行動では座学とリハーサルを含めます。<br>問題意識を共有するために、部門ごとに全社ルールの創作・改善計画を議論することも有効です。 |
| 4 | 計画実行と反省会はいうまでもなくPDCAサイクルの完成を意味します。これが実行できることで風通しの良い組織風土作りの一助にもなります。 |

　教育訓練の重要性は読者の皆様に改めて問うまでもないことかと思います。ただ危機意識は実際に起こらないとなかなかわからないものです。いかに有効な訓練をするのかは担当部署の創意工夫が要求される部分です。

BCP には、多くの課題が示されており自社にあった取組みを模索するだけでも大きな仕事になります。したがって、現実的には限りある経営資源に見合うような活動しかできません。しかし、世間的には大きな問題でなくとも、ある企業にとっては死活問題となる事象は必ず存在します。それに対してだけはしっかりと対策をとらなければならないという宿命を負います。たとえば富士山周辺に工場があれば一般的な危険性は示されていますが、想定される自社の被害詳細は細かく調査しなければ把握できません。しかし、調査するにしても対策をとるにしても、一体何から手を付けていけばいいのかも想像できないことが多々あります。知りたい内容が特殊な地形や特殊な構造計算、防災に強い機器などとなる場合、頼りにできるのは学会や研究所になります。

本書では紙幅の都合上、特殊なテーマまで把握しきれないため、簡単に紹介しますが、世の中では驚くほど多くの研究がなされています。そのような研究機関とのコミュニケーションも是非あきらめることなく重要テーマを追及してもみることを考えてもいいと思います。

| 学会関係 | 研究所 |
|---|---|
| 地域安全学会 | 京都大学防災研究所 |
| 土木学会 | 建築研究所 |
| 日本火山学会 | 港湾空港技術研究所 |
| 日本気象学会 | 国土交通省国土技術政策総合研究所 |
| 日本建築学会 | 東京大学地震研究所 |
| 日本災害情報学会 | 東京大学生産技術研究所 |
| 日本地震学会 | 土木研究所 |
| | 人と防災未来センター |
| | 防災科学技術研究所 |

Chapter **8**

# 業種別にみる
# BCP

# 業種別の読み方

Chapter8 は事例をもとにした業種業態特有の施策を記述しています。本書における業種業態は経済産業省の企業分類から選定して日本の全業種をカバーできるようにしました。記述方法として対象となる業種の解説と BCP における特徴的事象の説明、それを裏付ける事例、参考になる有力なガイドラインを含めています。今回こうして全業種をカバーしてみると業種間でBCP に対する取組みに差が出ていることを感じ取ることができます。そのため業種によっては他業種を事例にすることでさらなる進化が可能となるわけです。自社の BCP を進化させるためにも、自社の領域だけでなく異なった領域での BCP 事例を参考にして高いレベルでの事業基盤強化に取り組んでいただければさいわいです。

BCP は基本的に自社を守ることと同時に顧客ニーズにこたえることが主眼になります。**サプライチェーンを守る観点**で取り組むことを本書でも繰り返し述べています。例えば製造業、建設業、卸売業というのは各々サプライチェーンの中で果たすべき役割は変わります。製造業は建屋が崩壊すれば事業そのものは成り立たなくなりますが、建設業や卸売業の場合には事務所が壊滅的な状態に陥っても事業継続に対して責任を果たす部分は残ります。製造業から見れば建設・土木の観点でどのようなプランがあるのかを知ることで自社の復旧プランに反映させることができます。同業他社の事例が参考になるだけでなく、業種業態別の事例が自社に対して示唆する点もたくさんあります。BCP 策定は必須といっても全部を一社で対応することはできない以上、他業種研究は必須になります。

他業種を知ることは経営的にも効果があります。BCP は費用対効果を考えないと継続できません。他業種の例を見ることで自社の生産性向上への刺激となります。他社の事例を研究すると刺激になっただけでなく利益向上につながる活動に応用できるのを実感できるはずです。

## 1 製造業

> ### 「製造業の使命」

　各企業がサプライチェーンの一翼を担っている点は製造業 BCP の特徴です。サプライチェーンは大手企業と中小企業が一体化した構造になっています。重要な製造品ほど関係企業からの BCP 対応要請は真剣度が高く、社会的要請にこたえる使命感を伴ってくるのが大きなポイントです。

　その使命から見ても災害発生時に業界全体に影響がでないように計画を作らなければなりません。大手企業からみれば自社の事業を守るだけでなく、協力する中小企業にも BCP の作成を要求しなければなりません。しかも近年のサプライチェーンは複雑性を増しています。どこに落とし穴があるのかは起こってみないとわからないと考えた方がいいくらいです。

　それでも対策が必要となります。製造業の BCP 策定は様々な業種の中で比べても幅広く奥も深い対策となります。企業の大小に限らず定期的に見直して少しずつ強化していく努力をしなければなりません。

> ### 製造業 BCP の主要課題

　製造業に限らないことではありますが、事業継続の鍵は **Man（人）、Machine（機械）、Material（材料）、Method（方法）の 4 つの要素**にあります。製造業は原材料を購入して付加価値をつけて顧客に届けるという基本的なモデルが存在していますから、その流れをこわさないような BCP でなければなりません。どんなことが起ころうと、「4 つの要素（材料確保・エネルギー確保・人材確保・機械維持）を確保する」が大命題です。

> ### 対策

　BCP の基本方針を決めなければなりません。製造業の場合には分散化が重要課題です。いろいろな方策をとることを検討したとしても、つまるところは**あらゆる製品を 2 か所以上の生産拠点で生産できるようにするのが理想です**。もちろんそうしたくても簡単にできない現実があるかもしれませんが、

顧客から見ると2拠点化が最良の回答です。

　2か所以上で生産するということは、人海戦術や職人に依存した生産システムでは限界が出てくるため**自動化が主要な課題**となります。技術開発の面や投資の面でも実現するハードルは高くなります。そのため現実面では代替設備の確保、他企業との協力関係などの対応方法も活用することになります。ただいずれ限界が見えるため2か所以上で生産してコストも抑える方策を編み出すことを最終目標に据えることを念頭にします。

### ＞ 事例にみる対応策

　世界的にみても製造拠点を分散化できている事例は多くあります。顧客や金融機関などからも高く評価され、競合他社に対する優位性も保持できます。中小企業でも関東と関西に集約するとか、国内と海外の2拠点化の事例は多くありますし、補助金や助成金を有利に獲得できる可能性も高いです。

| | ものづくりリスク | 対策としての多拠点化 |
|---|---|---|
| 2重化 | 材料確保の困難<br>人材確保の困難<br>物流確保の困難など | 生産拠点を2拠点以上確保。<br>自然災害やテロなど考えられるリスクを考慮すると拠点の分散が最良となる。 |

### ＞ 2拠点化することができない製造業の対策方法

　中小製造業はビジネスモデルとして大企業のサプライチェーンの一角を担っている企業が多く、またそうでなくても社会的要請にこたえる使命をもつ企業が多く存在します。一方で中小製造業はまともに自然災害の被害を受けてしまうと壊滅的な状況になるリスクは大変大きいのです。まずは危険地帯からは逃げなければなりません。特に地形からくるリスク（地震・洪水・津波）の小さいところ、近隣エリア内で火災や倒壊が起こるリスクが小さいところに製造拠点を設けることが最優先課題です。顧客である大企業の周辺や工業団地内に拠点を持つなど同じ危機意識をもつ集団に入ることは、協力や情報共有の面で多くのメリットをもたらします。

　様々な事例から見て津波・浸水・土砂災害についてはどれだけコストをか

けても無駄になる確率は高いのですが、地震・強風については建物構造補強により壊滅的な被害を免れられる可能性があります。専門のエンジニアに依頼して、ビルの耐風、耐火、耐震性能を評価してもらう。その上で建物の補強工事を計画することが望まれます。

建物と設備と人が無事でありさえすれば1ヶ月程度で通常作業に戻れビジネスを早期に再開できる可能性は高いはずです。中小企業庁が示している**「中小企業 BCP 策定運用指針」**には具体的なガイドラインが示されチェックポイントも準備されています。中小企業は自然災害以外の企業リスク（大きな事故、事件、犯罪、テロ行為）対策に時間やお金をつぎ込む必要性は少ないので、従業員と家族の人命優先を徹底すると事業継続は見えるはずです。

### ❯ 事例にみる対応策

ものづくり企業の対策事例はインターネットでも簡単に確認できますが、実施するべき内容は次に示すように比較的共通しています。

---

① ハザードマップ確認やリスク評価で被害の規模を想定する。

② 被害予測に基づく具体的対策を徹底する。

③ 地域や近隣企業と相互協力関係を結ぶ。

④ 問題発生時の緊急対策マニュアルを策定し定期的に訓練する。

---

Chapter3 でも述べていますが、「BCP 組織」を作り「定期的に見直す」だけで対策は年々強化されていきます。製造業は対策にお金がかかることが多いので計画を立てて予算の裏付けをもった活動は欠かせません。

# 2 建設業

## 〉 建設業の BCP の特徴

建設業は、自社の事業継続はもとより地震をはじめとする大規模自然災害等が発生した場合は、社会インフラである被災を受けた道路・橋・構造物、公共施設、企業や居住者の建物、家屋などの復旧を迅速・的確に行うことが期待されています。

特に、広域にわたる被災の場合は、地域の建設会社だけではなく全国的な建設会社の連携による支援ネットワークの構築による支援活動も社会的に要請されます。したがって、建設業の BCP は、企業自身の事業継続を考えるとともに、被災現場復旧の中心的な役割を果たす存在としての社会的な使命を踏まえて、その要請に応えるための BCP を作成することが重要なポイントになります。

建設業における平常時の主な業務は、現場施工、営業活動、技術開発、顧客・物件対応等ですが、災害等が発生した緊急事態の場合は、自社の社員等及び現場の安全確保を行うほか、ビジネスの面では建設途上の施工現場の一時中断や施主（発注者）との納期調整、必要資機材の再調達等も迅速に行う必要があります。したがって、建設業の BCP は次の２つの面から検討を進める必要があります。

① **自社の危機管理体制の強化とクライアントとの契約に基づくビジネスの継続性**

・社員等、現場の安全確保、クライアントとの契約履行対応

② **建設業としての災害復旧の主たる担い手としての社会的使命の達成**

・建設現場で保有する機械力を活かした救助活動への協力

・被災設備（構造物、建物、家屋等）の調査確認と応急措置

・倒木、崩壊などによる支障物の撤去協力

・道路、橋梁、公共施設等のインフラ復旧工事など

以上のように、災害等発生時の緊急事態に遭遇した場合には、まず自社の従業員と現場の安全の確保を行ったうえで、クライアントの施工現場の復旧、社会的な要請に基づく被災インフラ施設等の復旧支援を実施するなど、新たな業務が付加されてきます。

緊急事態においては緊急対応を要する新たな業務が付加されますので、こうした取組みを行うためのヒト、モノ、カネ、情報の経営資源を駆使して事業継続を図る必要があり、陣頭指揮を執る対策本部の迅速な意思決定と復旧にあたる人員の迅速な確保、復旧作業を円滑に実施ができるよう、建設業のBCPにおいては限られた経営資源をいかに効率的・円滑に活用できるか綿密に計画しておくことが重要となります。

**〔建設業における緊急時の BCP による対応〕**

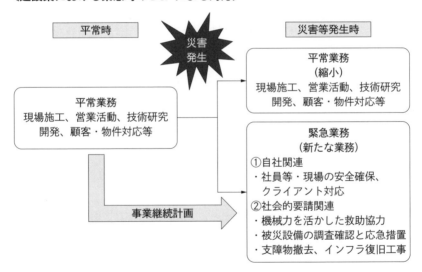

<ガイドライン>
・「建設 BCP ガイドライン」（一般社団法人日本建設業連合会）
・「地域建設業における『災害時事業継続の手引』～災害に強い企業として評価を得るために～」（一般社団法人全国建設業協会）

# 3 商社

## 商社のビジネスモデル

　商社は、輸出入貿易や国内における商品・サービスの販売を業務の中心としたいわゆる商業ビジネス（広義の卸売業）を展開する業態で、幅広い商品・サービスを取り扱う『総合商社』と特定の分野・業種に特化した『専門商社』に分類されます。

　総合商社は財閥系列を中心とした7大商社を指し、「ラーメンから航空機まで」といわれるように、取扱商品・サービスが極めて多く広範囲となっています。一方、専門商社はエネルギー資源、機械・工具、穀物・食料品、医療などの特定の分野・業種において商社機能としての活動を行っており企業数は非常に多くなります。国内外の製造業～流通業など多種多様な企業を相手として膨大なビジネス取引に関与しています。業務内容としては、貿易を中心、国内の卸売を中心、その両方を取り扱う商社に分けることができます。

　商社は、グローバルあるいは全国的に張り巡らされたネットワークを活用し「目利きの力」を活かしてビジネスを展開し、顧客に品質の良い財・サービスを安価かつ迅速に届ける役割を担っています。世の中に存在する情報格差、地域格差、需給格差、価格格差など様々なギャップ（リスクやコスト）を埋めて消費者と生産者（生産国）との間に立ち、ニーズとシーズを組み合わせてマーケットインとプロダクトアウトを取り持つことが商社には期待されているといえます。

　商社には「商品流通」「情報流通」の2つの要素を管理するSCM（サプライチェーンマネジメント）と近年社会的に注目度の高いESG（「環境Environment」「社会Social」「ガバナンスGovernance」）を踏まえた事業運営が重要です。特にグローバルな事業展開をする場合には、国境をまたいで商取引を実施する広範囲な海外サプライチェーンの維持拡大はIoTなどによる有機的連携性の拡張や電子商取引のデジタル化の進展の動きを受けて、商社

機能の死命を制するほどの影響力を持っています。

　また、国際社会に長期的な持続可能性が求められる SDGs 概念が拡がり、機関投資家や金融機関は ESG 情報を重視するようになりました。商社ビジネスは「インフラ事業」「食料」「流通加工」「資源エネルギー開発」「再生可能エネルギー」「アパレルブランド」「IT ソリューション」「医療・ヘルスケア」「金融」など多種多様な分野にわたりますが、いずれの分野でも SCM と ESG は避けて通れないものとなるでしょう。

### 商社の BCP に必要な検討事項

　したがって、商社の BCP では、国内外における地震、水害、台風等の自然災害などによる被害を企業リスクとして認識することはもちろんですが、さらに ESG の視点を踏まえ、サプライチェーンの寸断・途絶への対応や海外における戦争・政変・紛争の勃発等のカントリーリスク、気候変動リスク、為替変動リスク、感染症パンデミックス等へ備えることなどが事業継続を進めるにあたっては重要な検討事項といえるでしょう。

〔商社における BCP 策定の重視すべき視点〕

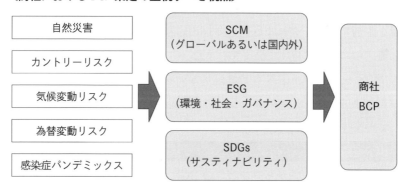

＜ガイドライン＞
・「商社 BCP ガイドライン」（一般社団法人日本貿易会）

## コンビニエンスストア

### コンビニエンスストアのビジネスモデル

コンビニエンスストア（以下、「コンビニ」という）のコンビニチェーンは、本部、加盟店及び商品を納入するベンダーで構成されており、本部と加盟店はフランチャイズ契約で結ばれている業態です。商品の入れ替わりが激しいコンビニ業界では新商品開発が重要なテーマとなります。本部とベンダーは相互の情報やノウハウを共有して新商品開発に取り組み、これまでもプライベートブランド（PB）商品やコンビニコーヒーなど数多くコンビニ発のヒット商品を市場に提供してきています。

コンビニでは鮮度管理が必要なファストフードが主力商品です。そのため、コンビニチェーンでは独自の物流システムを構築して対応しています。コンビニは限られたスペースの中に数多くの商品を陳列して鮮度管理を徹底して商品回転率を上げていく必要があり、店舗では「多頻度・少量発注」により顧客のニーズにそった商品を提供することが至上命題になります。そのため商品を配送するベンダーは多頻度・小口配送ができる物流システムを構築して加盟店のニーズに応えています。また、コンビニチェーンをうまく回すためにPOSレジスター、ストアコンピュータ、携帯発注端末、専用ネットワーク、ホストコンピュータなどの情報武装をした情報システムの活用を徹底しています。

### BCPの特徴

このような事業特性からコンビニのBCPには、大規模災害に遭遇した被災事態においても早期の営業展開が図られるように日頃から本部、加盟店、商品納入ベンダー、ITベンダーとの連携を密に行い災害に対する備えを進めておくことが肝要です。デジタル化による情報共有と設備の信頼性確保の徹底を進めることや安定した商品供給を維持するサプライチェーンの強靭化を進めるなどが重要なポイントになります。

また、地域全体を巻き込むような大規模災害が発生した際には、コンビニは生活インフラとしての役割が社会から期待されます。自社店舗における従業員の安全確保を前提に一刻も早く店舗運営の正常化を図り「地域のライフラインとしてのコンビニ」の使命を果たすことが求められます。

　このような社会的期待に応えるためには、過去の様々な地域で発生したコンビニ店舗の被災時の実体験を振り返り、その被災時の貴重な教訓を活かし本部と加盟店の間で被災時の課題・原因・対策を共有して、たゆまぬ訓練の実施等により緊急事態に備えることが何よりも必要といえます。

　東日本大震災において災害時の物資不足や帰宅困難者の多数発生が問題となりました。この問題についてコンビニ各社は自治体等と「災害時の物資支援協定」や「帰宅困難者支援協定」の締結を推進し、災害時には自治体からの要請に基づき、支援物資の提供や、帰宅困難者に対して水道水、トイレ、災害情報等を提供しています。このようにコンビニには地域の「セーフティステーション」としての役割が期待されています。

**〔セーフティステーションとしてのコンビニストアの役割〕**

＜ガイドライン＞
・「まちづくりへの連携・協力のガイドライン」（一般社団法人日本フランチャイズチェーン協会）
・セブン＆アイ HLDGS、ローソン、ファミリーマートなど独自の災害対策（各社サイトで公表）

# 5 商店街

## > 商店街ビジネスモデル

「商業統計」によると、小売店、飲食店及びサービス業などを含む店舗、事務所などが近接して30店舗以上あるものを1つの「商店街」として扱っているようです。全国各地に多数の商店街が形成されています。デパートや大型ショッピングセンターが建物をショッピングの場として人を集客しているのに比べると、商店街は名前のとおり比較的狭い道路を挟んだ両サイドにお惣菜の店やアパレルの店など色々な店舗（小規模個店）が平面的に立ち並んで1つの繁華街を形成して、歴史的あるいは伝統的背景により誕生・発展を遂げてきました。今日でも生活必需品等の日常的な買物や飲食などを楽しむ近隣の方々が集って賑わいを形成しています。

しかしながら、近年の商店街を取り巻く環境は厳しく、少子化による人口減少や後継者不足による空き店舗の増加、消費スタイルの多様化や郊外立地型の大型商業施設との競争など、様々な課題を抱えて衰退している商店街が多くみられます。とはいえ、その状況は地域によって異なり、東京の「巣鴨（とげぬき）地蔵通り商店街」などをはじめとして、色々なアイディアや施策を講じて遠方からもお客様を呼び込むことができる『元気で賑わいのある商店街』も存在しています。

## > 商店街の BCP の特徴

商店街に期待される役割としては、①地域コミュニティの形成・促進、②地域防犯体制の整備充実、③高齢者の生きがいなどに配慮した環境づくり、④子育て世代への支援、⑤災害に強い地域防災体制の構築など地域によって異なり多種多彩です。

こうした多様な社会的期待に応えるための商店街の事業継続すなわちBCPは一般的な企業体のBCPとは少し趣や形が違い、「人命を守る」「営業を継続する」という各個店の事業継続だけではなく、商店街全体の存続・継

続を図るという、いわば「商店街のまちづくりの存続・発展、商店街の活気を維持する」ものとして BCP を考えていく必要があります。

　これまで被災を経験した商店街で BCP を策定する際、議論の中で「商店街の被害を抑えるには火災は絶対に防がなければならない」など商店街ならではの生々しい意見や、商店街全ての店舗が真剣に防災（BCP）に取り組む認識はあるが「小さな店舗では必要性は感じても BCP に取り組む余裕がない」という実態を反映した言葉が出た事例がありました。そこで、その商店街では事前に BCP に関する勉強会を開催し、「各店舗でやらなければならないこと」と「商店街全体でやるべきこと」に分けて取り組み、決まったこと（災害直後の行動の目安、避難場所、主要な連絡先など）を商店街の BCP 掲示板に掲載しました。これにより商店街全体で防災への取組みへの意識が高まる効果があったと報告されています。

　このような商店街全体の活動を成果につなげるには、商店街の熱意と中核となる役員グループがリーダーシップを発揮し各店舗の方々との日頃からのコミュニケーションを取ることが特に重要になるといえます。

〔**商店街に期待される役割と課題**〕

- ・　地域コミュニティの形成・促進
- ・　地域の防犯体制の整備・充実
- ・　高齢者の生きがいなどに配慮した環境づくり
- ・　子育て世代の支援
- ・　環境問題や SDGs への対応
- ・　地域人材の育成や社会教育の場
- ・　災害に強い地域防災体制の構築

＜ガイドライン＞
・「BCP を作って信頼性を高めよう　東京商工会議所版 BCP ガイド」（東京商工会議所）

# 6 商業施設（総合スーパー、デパート、モール等）

## 商業施設の BCP の特徴

　私たちの生活に欠かせない食料品、衣類などの購入や買い物を楽しむことができる商業施設（総合スーパー、デパート、モール等）は、東日本大震災において被災地の各地で甚大な被害を受けました。商業施設の営業が停止すると、人々の暮らしに大きな影響が出るとともに、商業施設を運営管理する企業にとっては建物やフロア内部の損傷の修復への対応や売上低下など、経営面でも大きな打撃を受けることになります。

　商業施設の BCP は、不特定多数の方が日常的に訪れていることを前提に、大規模災害などのリスクに遭遇した場合、まずは、お客様、スタッフの安全確保が第一となります。そのための安全・安心な施設づくりと緊急事態に備えた運営管理手順をよく考えておくことが肝要となります。

　こうした商業施設の特性を踏まえて、以下に示すことをポイントに置いた商業施設の BCP を策定している事例があります。

### ① 「自助」「共助」「公助」の連携による備え

　大規模災害が発生した場合、自治体、消防や警察などの「公助」が発動されますが、「公助」だけに頼ることでは、救助・救護の人手が不足します。「自分の身は自分で守る」という「自助」と「自分たちの施設は自分たちで守る」という「共助」の備えと連携して対処することが重要です。

　施設自体の「自助」の面では、具体的な事例として建物の耐震化、什器類の固定による転倒防止、食料と水の備蓄による確保などがあります。「共助」としては各店舗等に防災パック、非常用食料、非常用トイレ等の防災備蓄品の配備やお客様を安全な避難場所への誘導等の方策が講じられています。新型コロナウイルス感染症等の感染症流行期には施設内での感染症などに対するリスク対策の徹底が求められます。

### ② 非常時における通信手段の確保

　災害発生時には安否確認や初動対応を迅速的確に実施する上で、商業施設においても情報収集や情報伝達するために非常時の通信手段の確保が重要です。特に多店舗展開している場合は、司令塔となる本部は各店舗の被災状況を速やかに把握して復旧・支援の優先順位付けを判断する必要があります。過去の災害を振り返ってみると、通信障害や輻輳により固定電話や携帯電話が使えないことやかかりにくいことがありました。こうした事態に陥らないためにも、災害用無線機の導入をはじめ複数の通信ツールの配備をして対処する必要があります。

### ③ 地域のライフラインとしての早期復旧・支援

　商業施設は、コンビニと同様に地域の暮らしを支えるインフラです。また、地域のライフラインとしての役割機能も担っています。この期待に応えるため、地域生活者支援に必要な食品、飲食、ドラッグストアなどのショップ（テナント）の営業継続と早期営業再開や帰宅困難者の受け入れ支援も求められます。

　どのエリア、どのショップを優先するかの調整、相互連携を円滑に進めることも商業施設における本部の重要な役割機能といえます。

**〔商業施設の BCP の重要なポイント〕**

---

- ・　「自助」「共助」「公助」の連携による備え
  　　建物の耐震化、什器の固定、避難場所への誘導など
- ・　非常時における通信手段の確保
  　　非常用無線機等の複数の通信ツールの配備
- ・　営業継続と早期営業再開
  　　商業施設の営業再開のプライオリティ調整機能
- ・　地域ライフラインとしての早期復旧・支援
  　　地域住民への非常用食料提供や・帰宅困難者等の受け入れ態勢への備え

---

＜ガイドライン＞

・「百貨店のための BCP ガイドライン」（日本百貨店協会）

# 7 電気・ガス

## > 電気・ガス業の BCP の特徴

　電気、ガスなどのエネルギー業は、生活や仕事に欠かせない非常に大切なインフラです。災害等により大規模な停電が発生すると、社会的な活動が麻痺し維持できなくなります。家庭、会社、病院、役所、工場、通信、物流など極めて広範囲に深刻な影響を及ぼします。地震による火災などの二次災害を防ぐために、ガスの供給を止めることもあります。阪神大震災では 85 万件、東日本大震災では 46 万件停止しました。発生が懸念される首都圏直下地震では、199 万件のガスの供給停止が見込まれています。

　社会経済への影響の大きさを考えると、電気・ガス業は一般の企業より相当に高いレベルで BCP に対する取り組むことが必要になり、社会的使命ともいえます。災害対策基本法では、電力会社・ガス会社を指定公共機関（公共的機関及び公益的事業を営む法人のうち、防災行政上重要な役割を有するものとして内閣総理大臣が指定している機関）に指定しています。

　しかし、地震や水害などの発生を防ぐことは不可能なので、発生した場合の影響を減らし、復旧を早めることが求められます。影響を減らすためには、災害のリスクの少ない地点への設備の配置、設備の二重化、冗長化、耐震化などを進めておかなくてはなりません。復旧を早めるには、復旧にあたる人員の迅速な確保、復旧作業の円滑な実施ができるよう、BCP において、綿密に計画しておかなくてはなりません。

　電力・ガス会社は自らの災害復旧だけではなく、被災地域での被災者を救う地域貢献も求められます。傷病者対応を行う病院や生活に困窮する被災者など、1 秒たりとも復旧を待てない状況もあるからです。ただし、復旧活動を行う中でも、被災していない地域へのサービスは継続しなくてはなりません。電力、ガスは重要な社会インフラなのでサービスが停止すると、停止地域の社会活動ができなくなります。復旧活動を全力で行いながら、被災地以

外でもサービスを継続できるよう、強固な事業体制が必要になるのです。また、社会的影響が大きいので、電力、ガス設備の被災の状況、地域に与える影響の規模、範囲、復旧の経過、見通しなど、社会への情報共有も重要になります。電力、ガスの復旧の様子を見ながら、被災地の企業は自らの復旧計画を実行していく必要があるからです。

## ▶ 事例

　主要な電力会社、ガス会社はそれぞれ事業継続に関する取組みを公表しています。東京電力で「東京電力グループにおけるレジリエンス向上に資する取組について」をまとめているほか、中部電力、関西電力など大手電力各社が防災業務計画を公表しています。東京ガスでは、「二次災害を防ぐためのガス供給の停止」とともに、「被害の小さい場所で安全にガス供給を継続する」ことを両立できるように事業継続計画をまとめています。

〔電力・ガスの BCP〕

| 電力・ガスの BCP | ・極めて重要な社会インフラ<br>・高いレベルの BCP が必要<br>・リスクを減らす設備配置<br>・設備の二重化、冗長化、耐震化<br>・一刻も早い復旧作業<br>・被災地への社会貢献<br>・被災地以外でもサービス継続<br>・被災、復旧状況に関する情報発信、共有 |
| --- | --- |
| 事例 | 東京電力・中部電力・関西電力　他電力各社<br>東京ガス・大阪ガス　他ガス各社 |

＜ガイドライン＞
・「災害対策基本法」（内閣府）
・「原子力事業者防災業務計画」（原子力規制委員会）
・「災害時連携に関するガス事業者の取組み」（日本ガス協会）

# 8 情報通信

## 情報通信業の BCP の特徴

　情報通信業は、通信事業者、機器メーカー、ソフトウェアメーカー、情報サービス提供会社、システム運用保守会社など多岐にわたり、これらのプレーヤーのサービスを統合して情報通信サービスが成り立っています。

　今や、情報通信は、生活や仕事のすみずみに入り込み、情報通信サービスが利用できなくなると、社会活動が維持できません。情報通信業は、非常に重要な社会インフラです。通信事業者の工事ミスで、スマートフォン、携帯などの通信ができなくなり、3日以上も、医療、金融、運送、電力、公務などの業務に大きな支障が出た事故が発生したことがありました。それほど、通信は広範囲に浸透しています。DX化、ICT化が進むことで、ますます通信に依存する業務は増えていくでしょう。

　災害時の通信確保は、優先的に取り組まなくてはなりません。通信キャリアや通信手段（固定回線、携帯回線など）は複数あります。1つの通信キャリア、通信手段に依存していると、万一、その通信が遮断した時、復旧時間が大幅に遅れる恐れがあるため、複数準備し、随時、切り替えられるようにして、通信の冗長化を図ります。

　情報システムは、大きく分けて、ハードウェア、ソフトウェアから構成されます。ハードウェアには、ルーターなどの通信機器、PC、スマホなどの端末、自社サーバー、レンタルサーバー、クラウドなどがあります。災害が発生すると、自社内のハードウェアが破損して使えなくなる場合があります。その場合、予備機を用意しておけば、切り替えて利用できます。また、社外のレンタルサーバー、クラウドなどを利用すれば、災害時の破損リスクが大きく低減するので、事業継続に直結します。ソフトウェアは、災害時利用できない状態になります。なぜ利用できないのか、原因を切り分けて行き、どこが原因で利用できないのか特定しなくてはなりません。それには、情報通

信システムをトータルで管理できる情報システム部門、SE、システム保守会社等が欠かせません。災害発生時、すぐに、SE、システム管理者が復旧作業をできるよう復旧体制、リモート作業環境などを準備しておきます。

　災害時、情報通信システムが停止してしまうと、システムで保持しているデータが破壊、欠損する可能性があります。ハードウェア、ソフトウェアの復旧に合わせ、データも復旧する必要が生じますが、日頃から、データのバックアップを取得していないと、復元ができず、情報通信システムが正常に再稼働できません。データバックアップの取得を通常の業務の中でルール化、習慣化しておきます。

　情報通信システムには、セキュリティ対策が十分できていないと、コンピュータウィルス、不正アクセス、情報漏洩などの被害にあうリスクがあります。これらにより、事業継続ができなくなることもあるので、情報システムでは、自然災害の対策以外に、こうしたセキュリティ対策も講じておかなくてはなりません。

〔**情報通信システムの BCP のポイント**〕

| 通信 | ・複数の通信キャリア、通信手段（固定・携帯）がある<br>・通信キャリア、通信手段を複数組み合わせ、冗長化する |
|---|---|
| ハードウェア | ・自社内ハードウェアは、災害時破損するリスクがある<br>・予備機を用意しておき、切り替える<br>・社外のレンタルサーバ、クラウドを使いリスクを減らす |
| ソフトウェア | ・システムが動かない原因の特定が重要<br>・原因の特定、復旧作業を迅速にできるよう、復旧体制、リモート作業環境を準備しておく |
| データ | ・データが欠損すると、システムは正常に動かない<br>・日頃から、データバックアップをルール化、習慣化しておく |
| セキュリティ | ・コンピュータウィルス、不正アクセス、情報漏洩などのリスクがある<br>・セキュリティ対策が不十分で、システムが動かせず、事業継続できなくなるケースもある |

＜ガイドライン＞
・「IT サービス継続ガイドライン」（経済産業省）
・「電機・電子・情報通信産業 BCP 策定・BCM 導入のポイント」（CIAJ&JEITA）

# 9 運輸業　鉄道・バス

## ❯ 運輸業（鉄道・バス）の BCP の特徴

　鉄道・バスは、たくさんの人が通勤、通学、買い物、通院などで利用する住民の足です。鉄道、バスが止まったら、住民の生活も止まってしまいます。また、乗客の命を乗せて運行しているものであり、災害時でも乗客の命を守ることが一番に求められます。

　鉄道、バスなどの BCP の策定には、国土交通省の「運輸事業者における安全管理の進め方に関するガイドライン」「運輸防災マネジメント指針」が参考になります。「運輸防災マネジメント指針」は、ガイドラインに明記された自然災害への対応の解説や運輸事業者が参考とすべき考え方をまとめたものです。運輸防災マネジメント体制のポイントがまとめられています。

　災害発生時は経営層のトップダウンが大切です。経営トップはいち早く災害対策本部に参集し、自ら対策を指示する必要があります。また、平時から安全方針の中に自然災害対策、防災の基本方針を組み込んでおきます。基本方針の例として「安全の最優先」「主要路線の運行業務を維持」「事業の早期復旧とサプライチェーンへの影響の最小化」などが挙げられます。

　リスク評価は、地盤の強さや海面からの高さ、がけ崩れのおそれ等を自治体公表資料等の情報から行うことで、災害発生時でも機能を維持できる業務拠点を予め定められます。機能維持できる災害に強い拠点が、災害に弱い拠点の業務をカバーするよう計画し、準備しておくことができます。

　災害が発生した場合は、初動対応が非常に大切です。運行継続の可否判断（運行の原則・停止）、避難、救助・救護、旅客（利用者）・社員・職員の安否確認、災害対策本部へ立ち上げ、参集要員の動員、被害の情報収集などの対応を行います。また、鉄道・バスは公共性が高く、災害発生時でも自治体、国などとの連携が不可欠となることから、日頃から関係者と「顔の見える関係」を作っておきます。代替輸送も必要になるため、予め他の事業者との間

で代替輸送に係る取り決めを行っておくと、速やかに代替輸送を立ち上げることができます。災害発生時は、鉄道・バスの運行状況は、利用者にとって非常に重要な情報になるため利用者への情報発信にも注力します。運行情報や被害の具体的状況、点検・復旧作業の進捗状況等をきめ細かく情報提供し、利用者自らが行動を選択できるように情報発信を行えるようにします。そのため、最近の事例などを参考に事前の「備え」としての情報発信に関するマニュアルの改善や訓練に取り組むことも推奨されています。利用者の中には他地域からの旅行者等や外国人もいる可能性もあります。具体的な情報の提供や避難誘導の実施、多言語による情報提供もできるよう準備しておきます。日頃から実践的な訓練も必要で、経営トップ、関係者（他の事業者、地方自治体、国の行政機関等）が参加した上で、関係者との調整、意思決定など実践さながらの訓練を実施します。年1回はマネジメントレビュー等を活用して見直し、改善のPDCAサイクルを機能させることが重要です。

〔**運輸防災マネジメント体制のポイント一覧**〕

（1）経営トップの責務
（2）安全方針と防災の基本方針
（3）リスク評価
（4）楽観主義の排除（思い込み（バイアス）の排除）
（5）事前の「備え」
（6）代替性の確保
（7）初動対応
（8）自然災害の態様に応じた対応
（9）関係者との連携
（10）利用者への情報発信
（11）教育と訓練
（12）見直し・改善（他事例の学び）

（運輸防災マネジメント指針についての説明資料から（国土交通省））

＜ガイドライン＞
・「運輸事業者における安全管理の進め方に関するガイドライン」（国土交通省）
・「運輸防災マネジメント指針」（国土交通省）

# 10 運輸業　トラック業界

## 運輸業（トラック業界）のBCPの特徴

　運輸業・物流は、製造業、卸業、小売業、消費者をつなぎ生活や企業の活動を支える重要なインフラです。ネットショップやコンビニなど、生活に欠かせない便利なサービスも物流の機能あってのものです。物流は、企業活動、人々の生活にとって極めて重要なサプライチェーンの中心です。

　物流が止まりサプライチェーンが寸断されると、荷主であるメーカーなどは部品の仕入れや製品の出荷ができず、事業の継続ができなくなります。物流会社の事業継続は、そのまま荷主の事業継続に直結しており、その意味で物流会社のBCPは荷主と密接に連携しながら作成していくものといえます。国土交通省はBCP策定のためのガイドラインを作成にあたり、荷主企業と物流事業者にアンケートを実施しました。荷主が物流事業者に求める項目で一番多かったのは「輸送中の車両の位置情報の共有」でした。対して、物流事業者が最も多く策定していた項目は「燃料の確保」「荷主との連絡手段の確保」でした。それぞれの立場で重視する項目は違いますが、荷主と物流事業者がお互いに欲しい情報を共有した上でBCPを策定しないと、災害時に足並みが揃わず復旧が遅れてしまいます。これでは、サプライチェーンの寸断が長引き、両者にとって困った事態が生じてしまいます。

　荷主と物流事業者は、BCPの策定に関し綿密に連携することが求められます。まず、双方でBCPのための人材育成（担当者の確保、セミナーへの参加推進、社内教育体制の整備等）、マニュアルの整備（役割分担、基本動作、作業手順等を示した行動マニュアル等の作成、意思決定、伝達、命令が迅速に行われる組織体制の確立等）を実施し、ある程度まとまったら、お互いにマニュアルを開示、情報共有して、平常時から定例会議等を活用した連携体制の強化をしておきます。その後、訓練を共同で実施し、その振り返りをもとにマニュアル等を見直し充実させます。このサイクルを繰り返すことで、荷主と

物流事業者のマニュアルの内容や社員のスキルが向上し、BCP の実効性が増します。こうして、荷主と物流事業者が連携した BCP が完成します。具体的には、荷主が物流事業者が代替手段・輸送ルート等を提案しやすい場を設置したり、物流事業者と目標復旧時間や最優先商品情報の共有をしたり、災害発災時の交通インフラや貨物位置情報等の情報共有体制の整備などが図られます。

〔**荷主と物流事業者の BCP 策定連携イメージ**〕

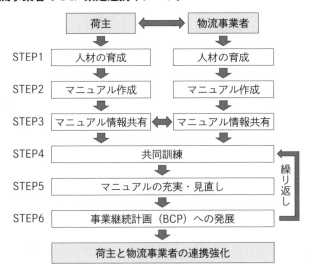

<ガイドライン>
・「荷主と物流事業者が連携した BCP 策定のためのガイドライン」（国土交通省）
・「自然災害時における物流業の BCP 作成ガイドライン」（日本物流団体連合会）
・「中小トラック運送事業者のためのリスク対策ガイドブック」（全日本トラック協会）
・「BCP 作成の手引き～大規模自然災害に備えるために」（日本倉庫協会）

## 11 医療機関

### ❯ 病院 BCP の特徴

　医療機関は、災害時において、被災患者の受入・治療を行う極めて重要な役割を果たす施設です。また、病院の規模によって災害時に求められる役割も変わってきます。厚生労働省が提示している、医療施設の災害対応のための事業継続計画（BCP）ガイドラインでは、災害拠点用病院とそれ以外の病院でBCP作成の手引きを分けています。

　手引きを参照すると、災害拠点病院では特徴として、その病院の立地や周辺で想定される災害、また災害発生により地域の中でどのような社会的責任を求められているか、を分析する必要があるとされています。特に地震などの広域災害への対応が期待されており、遠隔地からの被災患者の受入等も準備しておく必要があります。こうした一連の対応は病院単独では困難であり、様々な関係機関、つまり県、市町村又は消防といった行政機関との調整が必要になり、BCPの内容は大規模なものになります。

　災害拠点病院以外の病院でも厚生労働省からBCPの策定が求められています。大規模災害が発生した際、急性期の対応は災害拠点病院が主体となって行いますが、被災患者への対応はその後も長く続いていきます。また、軽症の患者も大量に発生することも考えられることから、地域医療の維持のためにも地域病院の事業継続は欠かせません。

　このように病院BCPは地域医療の継続のために極めて重要なものと行政機関も認識しており、厚生労働省や自治体が策定に利用できる手引き・ガイドラインを示しています。

　BCPの中身で特に重要なものが電源等のインフラ維持です。患者に対して人工透析、人工呼吸を行っている病院で停電が起きると、医療機器の停止により生命維持に直接の影響が及びます。そのため、非常用電源設備の確保については優先的に取り組む課題です。

　関西地方にある A 病院は内科・外科を中心とした 10 の診療科を展開し、病床数は約 100、職員数約 200 人の中規模病院です。災害拠点病院ではないものの、救急外来、透析設備、リハビリテーションセンターを持つ病院として長年、地域医療に貢献してきました。

　今回、自家発電設備を導入することをきっかけに BCP を策定することになりました。病院内の経営会議を経て、事務局長と各診療科科長を中心としたプロジェクトチームが結成されました。

　最重要事項である非常用電源の確保のため、ディーゼルエンジン型自家用発電設備の導入を決定しました。約 40 時間の稼働が可能となり、エレベーター、輸液ポンプ、心電計、人工心肺装置、透析装置の非常時稼働が可能になりました。合わせて医療用 UPS（無停電電源装置）を導入し、停電時のスムーズな電源切替えを可能にしました。

　また想定される地震の被害想定・感染症の蔓延に基づき、職員の参集基準を策定し、年に一度の訓練を実施することになりました。救急外来の増加に合わせた、各診療科の応援体制も構築し、急性期の患者増にも対応できるようになりました。さらに A 病院のサプライヤーにも協力を要請し、災害時の医薬品供給体制・病院内備蓄の強化も行い、発災後から、地域社会で活躍できる医療体制を構築することができました。

＜ガイドライン＞
・「医療施設の災害対応のための事業継続計画（BCP）」（厚生労働省）
・「医療機関における事業継続計画（BCP）の策定について」（東京都保健医療局）

# 12 介護施設

## 介護施設 BCP の特徴

介護施設については 2024 年 3 月までに BCP を策定することが厚生労働省から求められています（chapter5 参照）。義務化されているため、BCP 策定に関するガイドライン、作成ツール等が厚生労働省から示されています。基本的には、これらの基準に従って作成することになります。

本 BCP は新型コロナウイルス感染症、自然災害の 2 種類に分けて作成します。また、入所系、通所系、訪問系等の施設内容によってもガイドラインが分かれていますので、それぞれの施設に合ったひな形を使用することでスムーズな作成が可能になります。研修スライドも用意されていますので、理解の促進のために活用してみてください。

新型コロナウイルス感染症への対応については、すでに各介護施設が対応を行っていると思いますので、それらをマニュアル化し、どの職員が業務に就いても再現可能にすることを目標とします。一方で、これまで積み重ねてきた業務も、BCP の視点で考え、ガイドラインと比較をしてみると無駄や不足している事項が必ず発生しているはずです。BCP の策定にあたっては、多くの職員の意見を聞くことや事例を参照することによって、各施設に合った行動計画にするようにしましょう。

自然災害についてもガイドラインを踏まえて作成します。施設の立地によって災害リスクは様々です。ぜひ、自治体のハザードマップを参照し、地震リスク、水害リスク等を把握し、適切な対応を検討しましょう。

被災時に最も業務負荷が大きくなるのは介護職員です。特に水・電気・ガスといった生活インフラが使用不能になると、適切な衛生管理が難しくなり、円滑な介護が困難になります。よって BCP の策定は事務局が担うことが多いと思いますが、現場の意見を十分に踏まえた対策をとり、介護職員の負担軽減に配慮することが重要です。

　首都圏郊外にあるＢ株式会社は介護付き有料老人ホームを運営しています。定員は 80 名、首都圏郊外で都心からのアクセスも良好で、要介護、認知症といった介護水準の高い介護者も受け入れていることから、都内からの入所者も多い状況です。

　新型コロナウイルス感染症への対応は厳密に行っており、これまで介護者、職員間で重大な施設内感染が発生したことはありません。しかし、職員の出勤体制については濃厚接触者の発生等により、シフトに無理が生じるようになりました。今回の BCP 策定にあたり、感染症蔓延時の出勤・勤務体制の再整備を実施し、介護職員が無理せず対応できる体制の構築に努めました。

　自然災害については、施設は低地の平野部に位置しており、中小河川が周辺に流れていることから、梅雨の長雨、台風の襲来による浸水害のリスクが高いことが分かっています。実際にハザードマップを参照すると、施設の一階部分までの浸水リスクがあることが分かりました。

　そこで BCP では浸水害時の事業継続を重点的に整備しました。重要設備・重要書類を 2 階以上に退避、浸水リスクが生じた際、介護者の居住スペースを 2 階へ移動する段取りの作成、施設内備蓄倉庫の浸水対策等を職員間で話し合いながら計画しました。

　またサプライヤー、協力医療機関とも連携して、被災時の対応を協議し、必要な応援体制を構築しました。

＜ガイドライン＞
・「介護施設・事業所における新型コロナウイルス感染症発生時の業務継続ガイドライン」（厚生労働省老健局）
・「介護施設・事業所における自然災害発生時の業務継続ガイドライン」（厚生労働省老健局）

# 13 教育機関

## 学校 BCP の特徴

　教育機関・学校の BCP は文部科学省が学校防災マニュアルを公表しています。これは東日本大震災を受けて作成されたもので、発災時の初期対応、地域社会との連携、日常の避難訓練など多岐に渡った対策が示されています。また、幼稚園や特別支援学校といった小中学校とは対応が異なる施設についても記載されています。

　災害時における学校の特徴は、避難所となるケースが多いことです。避難所の開設・運営については市役所等行政機関が対応することが多いですが、学校と連携して進めていくことになります。例えば体育館を避難所として開放する際、防災用具等の事前準備や施設内の安全確保、トイレ等の公衆衛生管理といった業務が生じます。そのため、スムーズな施設活用ができるよう行政と日頃から連携しておくことが重要です。

　また、発災時の児童・生徒の安全確保・円滑な引き渡しがとても重要な業務になります。児童は大人が想像もしない思わぬ行動をとることがあります。災害時には不安や混乱から思わぬ事故が起きることも想定されます。学校内の施設管理については、十分すぎるほどの点検・安全管理を日々行うことが重要です。次に、児童の引き渡しには保護者の協力がかかせません。年に一度は引き渡し訓練を行うこと、電話やメールなど必要な時に確実に連絡がとれる体制を整えておきます。大規模な災害時は通信が不通になることもあります、万が一、連絡がとれない場合の対応についても保護者と認識を合わせておくと安心できます。

　高校・大学においては、入試や試験が行われますが、災害発生により入試や試験が実施できない場合があります。その際、生徒や受験生に不利が生じないよう適切に対応する必要があります。再試験を実施する、予定通り単位を与え卒業を可能にする、といった特例措置を予め BCP で定め、被災時に

も混乱せず対応できるよう、事務局側で準備をしておきましょう。

## ＞ 学校 BCP の事例

　東京都○○市にある私立 C は生徒総数 1,000 名程度の高等学校です。生徒は東京都内だけでなく隣接県からも集まっています。避難訓練は全校対象に毎年行っていましたが、地震や水害等、実際の被害想定に基づいたものではなく、訓練内容も陳腐化していました。こうした状況を受け、訓練計画の改善と併せて学校 BCP を策定することになりました。

　C 高等学校の特徴として、生徒が遠方からも通学していること、学校所在地が駅から遠く、地震発生により公共交通機関が停止した場合には多くの生徒が帰宅困難者となり、学校内に留まること、が予想されます。

　C 高等学校では生徒の安全確保を第一優先に、学校内の避難所開設・運営体制の構築を検討しました。帰宅困難者となる生徒向けの食料品、水、生活必需品を新しく設置する防災倉庫に備蓄することにしました。

　また、災害時に地域の避難場所として市役所に指定されており、地域住民を受け入れるための体制も行政機関と協力して構築しなければなりません。校舎内設備の耐震状況も確認した結果、被災者受け入れのためには、設備の改修が必要なことも分かりました。

　さらに BCP を策定する上で、入試時の対応が手薄であることも分かりました。別途存在する入試対応マニュアルを改修し、災害発生時の対応方法を改め、トラブルが発生しても、教職員で確実に対応を行えるよう、入試時のトラブル対応も訓練内容に追加することにしました。


＜ガイドライン＞
・「学校防災マニュアル（地震・津波災害）作成の手引き」（文部科学省）
・「学校防災マニュアル（県立学校版）」（埼玉県）
・「学校防災マニュアル（令和元年度改訂版）」（兵庫県）

# 14 官公庁

## ＞ 官公庁 BCP の特徴

　官公庁、ここでは主に国や地方の役所（官公庁に準じる組織である独立行政法人等も含む）を対象にしたBCPについて解説します。

　まず、中央省庁ですが、「中央省庁業務継続ガイドライン」を内閣府（防災担当）が策定しており、ガイドラインに基づき、各省庁がBCPを定めています。大規模災害発生時は、国家の司令塔としての役割を果たす中央省庁ですから、政府全体として積極的にBCP策定に取り組んでいます。各省庁が作成するBCPは関係する関連事業を行う方には参考になる点が多いので、ぜひ参照してみてください。

　また、政府機関における情報システムの継続的な運用は極めて重要であり、内閣官房内閣サイバーセキュリティセンターが「政府機関等における情報システム運用継続計画ガイドライン」を定めています。

　次に地方公共団体（都道府県、市区町村）についてです。各団体が定めている地域防災計画では、業務継続計画（BCP）策定等により業務継続性の確保を図るとされています。現在ではほぼ100％に近い団体がBCPを策定・公表しています。ガイドラインについては内閣府（防災担当）が「大規模災害発生時における地方公共団体の業務継続の手引き」「市町村のための業務継続計画作成ガイド」を策定しています。これまで東日本大震災、関東・東北豪雨災害といった大規模災害の発生に伴い、随時改定され、内容の拡充がされています。

　災害時、市区町村の役割は警報の発令、避難指示、避難所の開設・運営、消火、救難、救助、公衆衛生の維持等、多岐にわたります。また、時と場合によっては、住民の生命を左右する選択が求められることもあります。BCPを策定し、備えることで都度決定すべき事項が減り、効率的な災害対応が可能となり、今本当に行うべき重要な業務に注力することができるのです。

BCPを策定し、適切な頻度で訓練を重ね、スムーズな災害対応を行うことが地域の人命・財産を守ることに直結するのです。

## ▶ 官公庁 BCP の事例

　D市は中部地方にある自治体で人口は約5万人です。災害対応は防災対策課が所管しており、地域防災計画に基づき、市の防災マニュアル作成やBCP策定は実施済です。これまで、大規模な災害に見舞われることはなかったですが、政府が発表した南海トラフ巨大地震の被害想定範囲に太平洋側に位置するD市が含まれていることが発覚しました。

　D市長の指示により、県、消防、市医師会、市自治会といった様々な関係団体と連携しながら、南海トラフ巨大地震の被害想定に対応した、防災マニュアル、BCPの改定を実施することになりました。被害想定では道路や鉄道の寸断により、サプライチェーンが寸断され、物資の供給等もままならなくなります。そこで市内避難所に指定されている公共施設の備蓄量の見直しを実施しました。併せて、市内主要道路の道路復旧計画の策定、港湾岸壁の整備計画等、サプライチェーンを早期復旧するための諸施策を事業化しました。津波等のリスクもあることから、沿岸側の住民には円滑な避難誘導が必須です。そのため、自治会と協力して避難訓練を定期的に実施、地域住民がスムーズに避難できる通路等の整備計画を定めました。

　このように、被害想定が変わることで行うべき災害対策も変わってきます。防災は役所だけでは完結せず、地域住民・企業等、協力して行っていくことが必須です。また、日頃から情報交換を密にし、市民への防災啓発活動を推進していくことが重要でしょう。

＜ガイドライン＞
・「中央省庁業務継続ガイドライン 第3版」（首都直下地震対策）（内閣府）
・「大規模災害発生時における地方公共団体の業務継続の手引き、市町村のための業務継続計画作成ガイド」（内閣府）

# 15 廃棄物処理業

## 廃棄物処理業 BCP の特徴

　災害発生時、がれきが道路脇にうず高く積まれている光景がテレビで報道されます。被災者は敷地内に散乱した家財や、流入してきた土砂を一刻も早く運び出さなくてはなりません。しかし、道路上に積むだけでは自動車の往来に影響が生じ、急な災害対応の妨げとなるだけでなく、夏場は公衆衛生上も大きな問題となります。

　電気・ガス・水道といったライフラインと同様、廃棄物処理も重要な社会インフラであり、住民の生活環境の保全のために災害時の廃棄物処理は非常に優先度の高い業務です。

　廃棄物処理の基本法である「廃棄物の処理及び清掃に関する法律」にも定められているとおり、災害廃棄物の処理計画、実施体制の構築は市町村が主体的に行います。その上で行政から支援要請を受けた廃棄物処理事業者が、収集運搬、受入、処分といった業務を請け負います。

　BCP において重要な点はまず運転手、設備機器のオペレーターなどの人材の確保です。災害時に出勤体制を構築できるよう予め計画を定めておく必要があります。また災害時に安全に作業ができるよう事前の安全講習の実施、作業手順の確認が必要です。

　次に、収集車やトラックが安全に稼働できるか、常日頃から車両点検を確実に実施し、有事の際はいつでも出動可能な状態に整備しておきます。ガソリン等の供給が困難になる状況に備えて、ガソリン・軽油等の備蓄も必要でしょう。

　また、業者間での連携も有効な策です。事業組合など結成し、組織的に対応することで、人員、車両、燃料等足りないものを融通し合うこともできますし、行政との対応を行う上でも円滑に協業を進めることができます。

　一般顧客の収集においても、災害時には特別な需要が生じる可能性が高い

でしょう。そのため、予め顧客と情報共有しながら、有事の際の対応を話し合っておくとよいでしょう。

## ＞ 廃棄物処理業 BCP の事例

　東海地方の政令市に拠点を置く、廃棄物処理業の E 株式会社は、一般廃棄物（一般ごみ、事業系ごみ、し尿）、産業廃棄物と幅広く取り扱い、永く地域に貢献してきました。

　今回、行政からの依頼を受け、市内で組織化している廃棄物処理業事業組合で災害時の廃棄物処理方法の検討を行うことになりました。E 株式会社は事業組合の幹事として BCP の作成に着手しました。

　まず市で最も懸念されている災害は、台風・梅雨時の長雨による河川氾濫です。これまでにも低地部では土砂災害が発生したことがあり、大量の土砂や倒壊家屋の廃棄物処理に対応した経験がありました。その時は低地部にあった廃棄物処理場や廃棄物処理業者も流入土砂により被災し、市内の廃棄物処理に弊害が生じました。

　こうした経験を受け、組合間による人員、自動車の融通を円滑に行える協定を事業者間で締結し、BCP に運用方法について明確に記述しました。市内数か所の拠点に事業者は集まっていることが多いため、災害時、一部で道路の寸断や落橋等が発生し、収集車が出動できない場合でも、スムーズな災害廃棄物の収集が可能な体制を構築しました。

　さらに行政との情報連絡体制の強化、合同訓練の実施等を推進し、BCP の有効性を高めています。


＜ガイドライン＞
・「産業廃棄物の処理に関する BCP 作成ガイドライン」（川崎市）
・「産業廃棄物処理業に関する BCP 策定ガイドライン」（公益社団法人大阪府産業廃棄物協会）

## 業種毎の BCP 策定率
### ～業種によって BCP 策定率は様々～

　Chapter8 では主な業種・業界毎に BCP 策定・ガイドライン等について紹介してきました。業種毎の BCP 策定の実態については、内閣府が実施している「企業の事業継続及び防災の取組に関する実態調査」により確認することができます。下記表は、調査内容の抜粋です。策定率については業界毎にバラバラのようです。やはりリスク管理等を専門に扱う金融・保険業などは高い策定率です。一方で小売業、宿泊業、飲食サービス業等、比較的企業規模の小さい業界については低い策定率となっています。

　自分の業界が低い策定率だからという理由で BCP 策定に足踏みしてしまう経営者の方もいらっしゃるかもしれません。しかし、周りの企業が BCP を策定していないからこそ、策定していればそれが強みになり、企業の信頼性向上に役立つはずです。

| | 平成19年 | 平成21年 | 平成23年 | 平成25年 | 平成27年 | 平成29年 | 令和元年 | 令和3年 |
|---|---|---|---|---|---|---|---|---|
| 金融・保険業 | 42.1% | 34.1% | 75.6% | 70.2% | 86.9% | 66.0% | 69.2% | 81.6% |
| 情報通信業 | 24.1% | 22.9% | 48.6% | 34.4% | 59.1% | 55.9% | 57.6% | 55.6% |
| 建設業 | 9.4% | 7.9% | 44.1% | 31.2% | 50.0% | 42.3% | 55.1% | 52.8% |
| 製造業 | 11.3% | 15.0% | 28.9% | 30.5% | 48.1% | 45.0% | 45.1% | 52.0% |
| 運輸・郵便業 | 8.6% | 22.4% | 27.1% | 26.2% | 40.0% | 50.1% | 39.4% | 49.0% |
| サービス業 | 9.2% | 13.1% | 25.3% | 25.0% | 35.1% | 37.1% | 47.1% | 42.3% |
| 卸売業 | 12.5% | 13.9% | 24.3% | 27.9% | 46.6% | 36.6% | 42.3% | 41.4% |
| 小売業 | 4.3% | 7.5% | 13.3% | 13.2% | 27.9% | 17.6% | 28.7% | 30.5% |
| 宿泊・飲食サービス業 | 0.0% | 0.0% | 14.3% | 11.6% | 9.4% | 15.0% | 11.4% | 15.6% |

（出典：令和3年度企業の事業継続及び防災の取組に関する実態調査（内閣府より筆者作成））

## あとがき

　最後までお読みいただきまして誠にありがとうございます。

　本書を執筆するにあたり私が大企業で経験した策定経験と中小企業支援を通して獲得したニーズをもとにして、今までになかったような観点を随所に盛り込んでみました。

　BCPの課題は広くて深いし、新しいリスクも年々あきらかになっています。担当者の方の苦労も大変なものとお察ししておりまして、少しでもその業務が楽になるように工夫をしたつもりです。

　BCP は今や関心のない人は少なくなってきました。多くの企業では備えておくのが当たり前のようになってきて、多くの人が一度は何らかの形で参画した経験があると推察しています。しかしながら本書で一貫して主張したのは、戦略的・計画的に策定してこなかったとか、企業内の英知を結集しているとまではいかないという実態があるということです。書いていて気が付いた点は BCP の議論が実は企業の競争力強化にもつながっているということです。確かに昔から言われてはいましたが、調査して執筆してみて恥ずかしながら今更思いをつよくしてきた次第です。こうした点もふまえて本書に盛り込んでいます

　ぜひともそのような経験をくみ取っていただければ、また新たな意識でBCP に取り組めるのではないと思います。

　最後に本書を出版するにあたり協力いただいた出版社の方、その関係者の方に深く感謝します。ありがとうございました。

編著者　城西コンサルタントグループ　会長　神谷俊彦

## 【監修者紹介】

（一般社団法人）城西コンサルタントグループ（略称：JCG）

　　国家資格の中小企業診断士を中心に公認会計士、税理士なども含めた130余名のコンサルタントが所属している経営コンサルタントグループ。2009年に発足し、首都圏を中心に全国のお客様にコンサルタント活動・研修セミナー・各種調査・執筆事業を行なっている。

　　企業が抱えるさまざまな課題（売上・利益改善、事業承継など）に対して、会員による個別企業の経営コンサルティングを行なうのはもちろん、多彩な専門分野をもっている会員たちでベストチームを組んで、的確にかつスピーディな診断や助言を行ない、お客様から高い評価をいただいている。

本　部：東京都新宿区新宿2丁目5-12　FORECAST新宿AVENUE 6階
HP：https://jcg-net.com/
Mail：info@jcg-net.com


## 【編著者紹介】

神谷俊彦（かみや　としひこ）

　　（一般社団法人）城西コンサルタントグループ会長、中小企業診断士、IT コーディネータ、M&A シニアエキスパート

　　大阪府出身。大阪大学基礎工学部卒業。

　　富士フイルム（株）にて技術・マーケティング部門で35年勤務後独立。

　　現在（一般社団法人）城西コンサルタントグループ　会長として、会員とともに中小企業支援を行っている。

得意分野：ものづくり支援、海外展開支援、IT 化支援、金融事情にも精通。

【主要著書】

『図解でわかる経営計画の基本　いちばん最初に読む本』『図解でわかる DX いちばん最初に読む本』『図解でわかる金融のしくみ　いちばん最初に読む本』『図解でわかる品質管理　いちばん最初に読む本』（以上、アニモ出版）他多数

## 【著者紹介】

渡辺裕（わたなべ　ゆたか）

中小企業診断士、高度情報処理技術者（IT ストラテジスト、プロジェクトマネージャ、システム監査技術者）

東京大学工学部卒業・東京大学大学院工学系研究科修士課程修了（人工知能応用研究）。NTT 入社（再編後 NTT コミュニケーションズ社）。システム開発、画像通信・国際通信事業、新規事業開発等の責任者歴任。2020 年に経営・IT コンサルタントとして独立。

経営革新計画、事業再構築、商工相談など中小企業支援実績多数。

【主要著書】

『Enterprise Cloud システム構築ガイド』（翔泳社）、『人工知能ホームズが倒産寸前会社を救った！ドラッカー「5つの質問」の物語』（ギャラクシーブックス）

上田裕樹（うえだ　ゆうき）

中小企業診断士、IT ストラテジスト

東北大学工学部卒業。広告会社で営業・マーケティング担当を経て官公庁へ。主に事業企画、財政分野、防災分野に携わる。

現在は公的機関のコーディネーターを中心に、事業企画、BCP 策定支援、IT を活用した業務改善、各種行政施策の活用支援を通じ、中小企業支援に携わっている。一般社団法人城西コンサルタントグループ所属。

滝沢悟（たきさわ　さとる）

（一般社団法人）城西コンサルタントグループ副会長、中小企業診断士

秋田工業高等専門学校卒業、慶応義塾大学経済学部卒業。

日本電信電話公社（現 NTT）入社、電気通信設備の開発、設計、建設、保守、品質管理に従事、NTT 支店長を経て、NTT グループ IT 企業の企画部長、総務人事部長を歴任。東京都中小企業診断士協会城西支部所属。

【主要著書】

『図解でわかる品質管理　いちばん最初に読む本』『図解でわかる IoT ビジネス　いちばん最初に読む本』『生産管理の実務と問題解決徹底ガイド』（以上、共著、アニモ出版）、『中小企業のイノベーション（経営革新・新事業開発）支援』（共著、三惠社）他多数

はじめて担当者になったら読む本
実効! 転ばぬ先のBCP策定

2023年11月30日　初版発行

著　者　（一般社団法人）城西コンサルタントグループ
発行者　大坪克行
発行所　株式会社税務経理協会
　　　　〒161-0033東京都新宿区下落合1丁目1番3号
　　　　http://www.zeikei.co.jp
　　　　03-6304-0505
印　刷　美研プリンティング株式会社
製　本　牧製本印刷株式会社
デザイン　中濱健治（カバー）
編　集　野田ひとみ

本書についての
ご意見・ご感想はコチラ

http://www.zeikei.co.jp/contact/